AF210886

CHARAKTERTEST CORONA

Eine kleine Pandemie- Psychologie

DR. BODO NEUMANN

Für all` die, die nicht mitgemacht haben, für die Vielen die mitgemacht und zugeschaut haben und für die Mehrheit, die keine Ahnung hatte, was überhaupt geschah!

CHARAKTERTEST CORONA

Eine kleine Pandemie- Psychologie

DR. BODO NEUMANN

Dieses Buch analysiert die psychologischen Wirkzusammenhänge der Corona- Pandemie und ihre psychosozialen und ethisch- moralischen Folgen.

Impressum

Bibliografische Information der Deutschen Nationalbibliothek:
Die Deutsche Nationalbibliothek verzeichnet diese
Publikation in der Deutschen Nationalbibliografie;
detaillierte bibliografische Daten sind im Internet
über http://dnb.dnb.de abrufbar.

Die automatisierte Analyse des Werkes, um daraus
Informationen insbesondere über Muster, Trends und
Korrelationen gemäß §44b UrhG („Text und Data Mining") zu
gewinnen, ist untersagt.

© 2024 Dr. Bodo Neumann

Herstellung und Verlag: BoD – Books on Demand, Nor-
derstedt

ISBN: 978-3-7-5973578-2

MIX
Papier aus verantwortungsvollen Quellen
Paper from responsible sources
FSC
www.fsc.org
FSC® C105338

Inhaltsverzeichnis

Vorwort

Psychosoziale Belastungen

Persönlichkeitsdeformationen

Gesellschaftliche Kollateralschäden

Charakter- Screening

Vorwort

Die Anfang 2020 von der WHO weltweit ausgerufene „Corona-Pandemie" verlangte von uns allen massive Einschränkungen ab. Diese Einschränkungen griffen tief in unsere elementaren Grundrechte ein. Diese tiefen Eingriffe in die Grundrechte wurden mit der Notwendigkeit begründet eine hoch gefährliche SARS-Co-V2- Virus- Pandemie zu bekämpfen, die aber mit einer rationalen und wissenschaftlichen Einordnung und Betrachtung ihren konstruierten Schrecken verliert. Bis dato wird eine „Corona- Wirklichkeit" konstruiert, die zur Realität so gut wie keinen Bezug hat. Als wissenschaftlich ausgebildeter Mensch, der langjährige Kenntnisse und Erfahrungen hat in der Anwendung von Forschungsmethoden, mathematisch- statistischen Modellen und der Evaluation von wissenschaftlichen Studien, wurde mir schon recht früh klar, dass die „Corona-Kommunikation" des politmedialen Komplexes und dem Narrativ „SARS-CoV-2 Killervirus" sich nicht auf tatsächliche Daten und Fakten bezog, sondern propagandistische und totalitäre Züge zeigte.

Im Jahr 2020 hatten wir zu keiner Zeit eine „epidemische Lage von nationaler Tragweite". Die Gefährdungslage lässt und ließ sich nur wissenschaftlich evident mit den beiden harten Endpunkten der Krankenhausbelegung und den Todesraten einschätzen. Dabei wurde deutlich, dass wir 2020 nachweislich keine Überbelegung der Krankenhausbetten inklusive der Intensivbetten hatten, sondern häufig eine Unterbelegung. Auch lag Demografie bereinigt keine Übersterblichkeit in den jeweiligen Alterskohorten vor.

Ebenso wurde der Unterschied zwischen der Infektionssterblichkeit IFR (infection fatality rate) und der Fallsterblichkeit CFR (case fatality rate) nicht berücksichtigt. Die IFR bei einer Grippe beträgt je nach Schweregrad um die 0,2 %. Die IFR in der „Corona- Pandemie" bewegt sich über alle Personen hinweg bei 0,23 % und bei Menschen unter 70 Jahren beträgt die IFR generell 0,05 % und bei Kinder und Jugendlichen 0,0003 % quasi gegen 0,0 %. Die IFR der „Corona- Pandemie" übersteigt somit nicht die bisheriger Grippewellen.

Die Ignorierung dieser Fakten hatte und hat dramatische Folgen. Die Zulassungsstudie von Pfizer und BioNTech von Dezember 2020 unterscheidet zwischen der Relativen Risiko- Reduktion (RRR) und der Absoluten Risiko- Reduktion (ARR). Von den 19.000 Geimpften hatten 8 Personen leichte Symptome und in der Placebogruppe waren es 162 Personen mit leichten Symptomen. Die RRR für die Geimpften betrug also 154:162= 0,95 (95 Prozent) und wurde als 95- prozentige Wirksamkeit verkauft. Es mussten 19.000 Personen geimpft werden, damit 154 Personen davon profitieren. Denn 154 von 19.000 sind nur 0,81 Prozent ARR. Für jeden der so 154 Geschützten müssen 123 Personen geimpft werden. 99,19 Prozent der Geimpften müssen demnach mit Nebenwirkungen rechnen, ohne einen zusätzlichen Schutz zur bereits bestehenden Immunität.

Die Zulassung eines neuartigen „Impfstoffes", der de facto eine Gentherapie ist, wurde vorbei an den regulären Zulassungsverfahren, ohne dass dafür eine außergewöhnliche medizinische Notwendigkeit bestand innerhalb kürzester Zeit in den „Markt gedrückt". Gegen jeden Sachverstand werden – ohne fachgerechte Prüfung der Nebenwirkungen nach bewährten Standards – diese Pseudo- Impfstoffe milliardenfach im Rahmen eines gigantischen globalen medizinischen Feldexperiments verabreicht.

Wir sind durch die sogenannte Corona- Impfung „Versuchsteilnehmer" eines bisher nie dagewesenen gigantischen globalen medizinischen Feldexperiments geworden, dessen Ausgang nach jetziger Lage nichts Gutes verheißt und zum weltweit größten medizinischen Skandal werden könnte. Die Vielzahl der schweren Nebenwirkungen und Todesfälle, häufig auch bei jüngeren Menschen, nach zwei Jahren Geninjektion weisen in diese Richtung. Das ist die physiologische Seite der Medaille. Die andere Seite der Medaille ist die psychologische Manipulation in Richtung Gehorsam und Konformität, u.a. mit dem Ziel ganze Gesellschaften zu durchimpfen und zum „Maske Tragen" zu animieren. Hier sind wir ebenso Versuchsteilnehmer eines einzigartigen globalen psychologischen Feldexperiments, das den Charakter einer Langzeitstudie hat.

In diesem Zeitraum kam die Freiheitsbedrohung in Deutschland bisher „auf leisen Sohlen" daher. Das ist nun vorbei. Die Diffamierung, Stigmatisierung und Etikettierung von ungeimpften Personen und Maßnahmenkritiker zeigten dies sehr deutlich.

Aus psychologischer Sicht stellt sich daher die Frage: Wie ist es möglich das solche gravierenden Einstellungs- und Verhaltensveränderungen in solcher Geschwindigkeit von statten gehen konnten? Warum akzeptierten große Teile der Bevölkerung diese massiven Einschränkungen der Grundrechte und nehmen sie einfach so hin? Und wie konnte es dazu kommen, dass Hass und Hetze gegen ungeimpfte Personen und Maßnahmenkritiker sich tsunamieartig bahnbricht?

Die Fragen zum „Wie und Warum", das solche gravierenden Einstellungs- und Verhaltensveränderungen in solcher Geschwindigkeit von statten gehen konnten, lassen sich mit der „kleinen Pandemie- Psychologie" in Teilen beantworten und analysieren. Sie setzt sich aus zwölf von mir geschriebenen Artikeln zusammen, die in der Zeit vom Juli 2021 bis Juni 2023 bei „Boris Reitschuster" (reitschuster.de) erschienen sind, der ein "Leuchtturm" in stürmischer „Corona- See" war und auch jetzt noch ist, im Meer der aktuellen gesellschaftlichen Irrnisse.

Diese zwölf Artikel sind in drei Themenfelder gegliedert worden: Psychosoziale Belastungen, Persönlichkeitsdeformationen und gesellschaftliche Kollateralschäden und folgen nicht der Publikationschronologie.

Zu jedem der Artikel habe ich noch zusätzlich ein Gedicht von mir als „Epilogus" verfasst. Diese zwölf Gedichte sind nicht in den Artikeloriginalen publiziert worden. Mit dem „Charakter-Screening" ist ein viertes Themenfeld hinzugekommen, das nicht als Artikel erschienen ist.

Kurz- bis mittelfristig wird noch deutlicher werden, welche weiteren psychischen Folgeschäden und Impfschäden die Maßnahmen und „Impfungen" in der „Corona- Pandemie" verursacht haben. Vergangene Krisen zeigen: Der Höhepunkt der psycho-sozialen Belastungen kommt erst nach dem Abklingen der ursächlichen Krise, weil die Psyche immer erst zeitverzögert reagiert!

Mülheim an der Ruhr, im Juni 2024

Einleitung

Vor drei Jahren, im Juni 2021 habe ich meinen ersten Artikel zu den Ungereimtheiten der sogenannten Corona- Pandemie geschrieben, dem dann elf weitere Artikel gefolgt sind. Als die Strategie- und Maßnahmenkonzepte zur Verhaltensmanipulation in der „Corona- Krise" veröffentlich wurden, wollte ich als Bürger unseres Landes und als Psychologe mit diesen Artikeln ein sichtbares Zeichen gegenüber der Mainstreampropaganda setzen.

Das Strategiepapier mit dem Titel "Wie wir Covid-19 unter Kontrolle bekommen", malte ein "Worst-Case-Szenario" an die Wand, bei dem alleine in Deutschland mehr als eine Million Menschen sterben würden, wenn das normale Leben der Bürger nicht durch drastische Einschnitte geändert würde.

Ein internes Strategiepapier das weiter ins Spiel gebracht worden ist- es handelt sich um das Nachfolgepapier von „Wie wir Covid-19 unter Kontrolle bekommen"- der Corona- Taskforce aus dem Innenministerium sieht unter anderem die Einrichtung von Quarantäne-Lagern für positiv Getestete vor („Isolations-Zentren"). Häusliche Quarantäne, so heißt es in dem Paper, solle die Ausnahme sein. Viele Punkte aus diesem Dokument sind umgesetzt worden.

Wie sieht die jetzige Sachlage im Juni 2024 aus? Pointiert formuliert kann gesagt werden, dass die „Covidioten" Recht hatten!

Wie das Magazin Multipolar auf Grundlage der bislang geheim gehaltenen „Corona- Papiere" im März 2024 berichtete, beruhte die im März 2020 vom RKI verkündete Verschärfung der Risikobewertung von „mäßig" auf „hoch", die Grundlage sämtlicher Lockdown- Maßnahmen und Gerichtsurteile war, anders als bislang behauptet nicht auf einer fachlichen Einschätzung des Instituts, sondern auf der politischen Anweisung eines externen Akteurs, dessen Name in den Protokollen geschwärzt ist.

Die RKI-Protokolle sind auch an vielen Stellen geschwärzt, in denen es um die Nebenwirkungen der „Corona-Impfstoffe" geht. Die „Impfstoffe" gegen Corona wurden Millionen Menschen in Deutschland verabreicht, teilweise bis zu fünf Mal pro Impfling. Nachdem es zu Beginn der Impfkampagne 2020/2021 offiziell noch hieß, die Impfung sei nebenwirkungsfrei, räumen Bundesgesundheitsministerium und auch die Hersteller mittlerweile ein, dass es sehr wohl zu auch sehr schweren Nebenwirkungen kommen kann. Dass ausgerechnet bei dieser heiklen Thematik in den RKI-Protokollen viel geschwärzt wurde, wirft besonders viele Fragen auf.

Unabhängig von der Häufigkeit von Nebenwirkungen und Todesfällen ist jetzt die Diskussion entbrannt: Wann wussten die Behörden und die Ständige Impfkommission (STIKO) von den möglichen und sehr gravierenden bis tödlichen Folgen der „Corona-Impfung"? Und was und wieviel wussten die politischen Hauptakteure wie Merkel, Spahn, Scholz, Lauterbach und Co?

Leider haben auch viele Ärzte und Wissenschaftler, die gegen den Corona- und Impfwahnsinn hätten angehen können, geschwiegen oder Desinformationen und Halbwahrheiten verbreitet, um ihre Zulassung, ihre Krankenhausprivilegien oder ihren privilegierten Status bei der Pharmaindustrie nicht zu gefährden, oder einfach nur, weil sie mit der allopathischen Orthodoxie im Studium „benebelt" worden sind und an Dogmen festhalten.

Psychosoziale Belastungen

Deutschland im Griff der „weißen Folter"
Wie die Bevormundung der Bürger zur Norm wurde

08. Juli 2021

Mit welchen Methoden schaffen es die Regierungen, ihre Corona-Maßnahmen durchzusetzen und zu manifestieren? Mit dem Einsatz der „weißen Folter", die ein organisiertes System psychologischer Intervention darstellt, kann der Bevölkerung die gewünschte Konformität aufgezwungen werden.

Die „Corona-Pandemie" ist mit massiven Einschränkungen verbunden, die sogar noch verschärft worden sind. Diese massiven Einschränkungen greifen in unsere elementaren Grundrechte ein.

Die Sorge, dass sich die Entwicklung nur schwer – wenn überhaupt – umkehren lässt, selbst wenn die Gesellschaft allmählich zur Normalität zurückkehren sollte, bestätigt sich zunehmend. Die Diskussion um die angeblichen Impfprivilegien, oder auch als subtiler Impfzwang zu benennen, zeigt dies eindrücklich. Zumal bereits daran gearbeitet wird, die mit Corona üblich gewordenen staatlichen Sonderrechte auch auf andere Politikbereiche auszudehnen.

Eine nicht geringe Anzahl von Ministern und Abgeordneten vermag sich offenbar gar nicht mehr vorzustellen, wie Menschen, sprich wir Staatsbürger, ohne Bevormundung leben können.

Welche Methoden werden angewendet, damit die Bevölkerung die massiven Einschränkungen der Grundrechte akzeptiert und hinnimmt? Aus psychologischer Sicht und somit aus Sicht des Autors werden bewusst oder auch unbewusst Methoden der „weißen Folter", auch psychische Folter genannt, angewandt.

Als konkretes Beispiel zur „weißen Folter" sollen hier ange-lehnt an „Bidermans Diagramm des Zwangs" die psychologi-schen Methoden und Vorgehensweise des „Corona-Zwangs" der Regierung dargestellt werden. Zusammengefasst wurden diese Methoden 1956 von dem amerikanischen Militärpsycho-logen Albert Biderman unter dem Titel „Bidermans Diagramm des Zwangs" (deutscher Titel). Dabei geht es um Techniken der Nötigung, des Zwangs und der Wahrnehmungsprogrammie-rung, um das Denken und den Willen der Menschen zu zerstö-ren. Unter dem Begriff „Mind Control" werden sie seit vielen Jahren an Einzelpersonen und an Gruppen praktiziert.

Es sind nach Biderman die sieben folgenden Methoden, den menschlichen Willen zu zerbrechen und den Menschen auf Ge-horsam zu programmieren:

1. Isolation von Menschen
2. Monopolisierung der Wahrnehmung
3. Erniedrigung und Entwürdigung
4. Erschöpfung und Schwächung
5. Androhen von negativen Folgen
6. Gelegentliche Zugeständnisse und Lockerungen
7. Omnipotenz demonstrieren

1. Isolation von Menschen

Isolation bedeutet, einem Menschen jede soziale Unterstüt-zung durch andere Menschen zu entziehen, um so die Fähig-keit, entsprechend Widerstand zu leisten, zu brechen. Dazu wird der direkte Kontakt zu anderen Menschen unterbunden. In Isolation lebt man alleine oder mit sehr wenigen anderen Menschen zusammen, ohne weiteren Kontakt zur Außenwelt. Die strengste Form ist die Einzelhaft. Die Isolation zwingt zu einer intensiven Auseinandersetzung mit sich selbst. Wie man aus der Psychologie weiß, führt ständiges Grübeln über sich selbst dazu, dass man sich selbst Schuld zuweist. Das fördert die Unterwerfung und den Gehorsam.

Diese Vorgehensweise zeigt sich auch beispielhaft im Agieren des Corona-Regimes. Es werden eine vollständige oder teilweise Isolierung von Einzelpersonen durch Quarantäne (alte und kranke Menschen, Reiserückkehrer, Quarantäneverweigerer etc.), nächtliche Ausgangssperren sowie Gruppenisolationen (Familien, Schulklassen in Quarantäne) angeordnet. Distanzunterricht und Home Schooling von Kindern und Jugendlichen sowie Home Office für die erwachsene Bevölkerung verstärken die soziale Distanz und fördern das „Einzelkämpfertum" massiv.

2. Monopolisierung der Wahrnehmung

Unser Gehirn reagiert auf Wiederholungen. Eine Unwahrheit muss nur oft genug wiederholt werden, bis sie der menschliche Verstand als wahr akzeptiert. Insbesondere Medien haben hier eine gewaltige Macht. Wer die Medien kontrolliert, bestimmt, welche Informationen den Menschen zur Verfügung gestellt werden.

Solange diese Medien unabhängig und neutral sind und Meinungsfreiheit herrscht, ist alles soweit in Ordnung. Problematisch wird es aber, wenn nur noch eine Meinung, die Mainstream-Meinung, akzeptiert und geduldet und jede davon abweichende Meinung diffamiert oder der Zugang dazu blockiert wird.

Das heißt, es wird die Aufmerksamkeit der Menschen auf die unmittelbare Notlage, sprich die „Corona-Pandemie", gelenkt. Es werden Informationen eliminiert, die nicht mit den Aufforderungen der Mächtigen übereinstimmen. Es werden Handlungen bestraft, die nicht mit der Einhaltung der Vorschriften vereinbar sind (Widerstand/Unabhängigkeit). Dies zeigt sich u. a. in der latenten negativen Berichterstattung zur weltweiten SARS-CoV-2- Pandemie durch die Mainstream-Medien. Es erfolgt Zensur und Löschung von kritischen Beiträgen zur Corona- Pandemie in den sozialen Medien (GAFA). Es wird den Bürgern ein schlechtes Gewissen eingeredet (z. B. Kinder gefährden Alte und Eltern).

3. Erniedrigung und Entwürdigung

Indem harte Strafen auf unsinnige und widersprüchliche Maßnahmen angedroht werden und diejenigen Personen, die sich nicht an die Regeln halten, diffamiert, stigmatisiert und beleidigt oder mit harten Strafen belegt werden, verliert der Mensch immer mehr den Mut zum Widerstand. Letztendlich bleibt nichts anderes mehr übrig, als folgsam zu sein, sich anzupassen und zu unterwerfen und Gehorsam zu üben. Jeder Widerstand wird so gebrochen. Die Missachtung bzw. Bedrohung der Privatsphäre unterstützt die Demütigung und Erniedrigung.

Diese Methode zeigt sich auch in der weiteren Vorgehensweise des Corona-Regimes durch die Verweigerung der Privatsphäre: Nur eine begrenzte Anzahl von Personen darf sich im eigenen Haushalt aufhalten. Einen weiteren signifikanten Beitrag zur Erniedrigung und Entwürdigung von uns Bürgern leistet ein Sammelsurium von Einzelmaßnahmen wie Masken tragen, Abstand halten und die Durchführung von Ausgangssperren. Die Denunziation, Diffamierung, Stigmatisierung und Etikettierung von Andersdenkenden in den verschiedenen Mainstream-Medienkanälen „runden" sozusagen die vorgenannten Maßnahmen ab.

4. Erschöpfung und Schwächung

Erschöpfung schwächt die mentale und körperliche Widerstandsfähigkeit. Indem Ängste und Panik geschürt sowie Umstände geschaffen werden von ständiger Unsicherheit, wie z. B. durch den drohenden Verlust des Arbeitsplatzes und Hoffnungslosigkeit im Sinne der Eliminierung jeder Vorstellung davon, dass das Leben jemals wieder einmal Spaß machen könnte, wird den Menschen jegliches Gefühl von Sicherheit und Stabilität genommen. So geraten die Menschen zunächst in einen emotionalen Zustand von Dauerstress, was sich dann entsprechend physisch auswirkt.

Die Menschen werden durch massive Stressmanipulation erschöpft, was die geistige und körperliche Widerstandskraft schwächt, wie die ständigen Wiederholungen und die Appelle zur Gefährlichkeit von SARS-CoV-2 (COVID-19), die Darstellung von Horrorszenarien (Hunderttausende Covid-Tote, Überlastung des Gesundheitssystems, das Verkünden der dritten Welle, Durchführen von Lockdowns, mit den daraus resultierenden Konsequenzen von Arbeitsplatzverlusten, Kurzarbeit und Insolvenzen). Je mehr die Wirtschaft und die materiellen Lebensgrundlagen zerstört werden, desto mehr werden die Bürger abhängig von den Zuwendungen des Staates.

5. Androhen von negativen Folgen

Bedrohungen induzieren Angst, Verzweiflung und Panik. Der einzelne Mensch verfügt über keine Entscheidungsmacht mehr, sondern wird dominiert von einer Einzelperson oder einer Gruppe von Menschen. Es werden Regeln von außen bestimmt, die am besten so sinnlos wie möglich sind und bei deren Nichteinhaltung mit negativen Konsequenzen gedroht wird. Um den Gehorsam und die Unterwerfung der Opfer zu erreichen, muss man sie abhängig machen. Je abhängiger das Opfer vom Täter, je höriger wird es ihm sein.

Wir erleben es gerade jetzt, dass immer mehr widersinnige Regeln angeordnet werden und bei Nichteinhaltung Strafen drohen. Dies erzeugt Angst, Verzweiflung, Panik und verstärkt das Gefühl der Hilflosigkeit und entwickelt einen Mangel an Vertrauen in die eigenen Fähigkeiten.

Es erfolgen Androhungen von Haft für Corona-Demonstranten und Bußgeldern sowie Wohnungskontrollen und Schulschließungen. Die soziale Ächtung durch die Mainstream-Medien von Andersdenkenden (Covidioten, Verschwörungstheoretiker etc.) verstärkt die erzeugte Angst, Verzweiflung und Panik.

6. Gelegentliche Zugeständnisse und Lockerungen

Gelegentliche Zugeständnisse und Lockerungen von Maßnahmen schaffen eine positive Haltung zu Vorschriften und erzeugen Konformität. Wenn wir uns im Frühjahr angestrengt haben, die Vorschriften einzuhalten, dürfen wir im Sommer ein wenig mehr „Freiheit" haben. Das heißt, wenn wir uns jetzt alle zusammen schön an die vorgegebenen Maßnahmen halten, dann besteht die Hoffnung, dass wir im Sommer ein wenig mehr soziale Kontakte haben dürfen.

Und wenn die Impfungen erst einmal durchgeführt worden sind und genügend Menschen sich haben impfen lassen, können wir zurück zum alten Normal. Dies sind genau die gelegentlichen Zugeständnisse, die eine positive Haltung zu Vorschriften schaffen und Konformität erzeugen. Die teilweise Wiedereröffnung von Restaurants, Hotels, Sportstätten etc. sind weitere „Zückerchen", die der Bevölkerung als „Karotte" in Aussicht gestellt werden.

7. Omnipotenz demonstrieren

Die Demonstration von Omnipotenz suggeriert die Sinnlosigkeit von Widerstand und entwickelt einen Mangel an eigenen Fähigkeiten. Die brachiale Durchsetzung von Regeln (Maske, Abstand etc.) durch die Polizei auch mit Gewaltanwendungen sowie der Verhängung von Bußgeldern durch Mitarbeiter der Ordnungsämter, die Auflösung und Beendigung von Anticorona-Demonstrationen mit Durchführung von Verhaftungen, demonstrieren signifikant die Omnipotenz des Corona-Staates.

Die Androhung der Verschärfung und der Beschluss des restriktiven Infektionsschutzgesetzes und die Implementierung einer Corona-Regierung, die sich der parlamentarischen Kontrolle entzieht, verstärken die Gewohnheit von Einhaltung der Vorschriften und die daraus resultierende Konformität.

Dies sind nur einige Beispiele der Möglichkeiten und Folgen der „Biderman-Methoden" des Zwangs in der „Corona-Pandemie". Sie zeigen aber sehr deutlich, dass es hier nicht in erster Linie um „Gesundheitsschutz" der Bevölkerung geht, sondern eher um Macht, Kontrolle und Unterdrückung.

Joost Meerloo (1903 – 1976), ein niederländischer Arzt und Psychoanalytiker, der in den USA an der Columbia University und an der New York School of Psychiatry lehrte, betonte, dass solche totalitären Entwicklungen unabsichtlich bzw. unwissentlich auch in sogenannten freien, demokratischen Staaten ablaufen könnten.

In seinem Buch „The Rape of the Mind. The Psychology of Thought Control, Menticide, and Brainwashing", das er 1956 als Reaktion auf seine Erfahrungen im Widerstand gegen die nationalsozialistische Okkupation seines Landes (Niederlande) schrieb, prägt er den Begriff des „Mentizids", welcher die Abtötung des eigenen Verstandes bedeutet. Dies ist ein organisiertes System aus psychologischer Intervention und Missbrauch von Maßnahmen der Regierenden, durch das der Bevölkerung die gewünschte Konformität aufgezwungen werden kann.

Er stellt sich auch die Frage, ob unser Schicksal sich in der Hand psychisch kranker Personen befindet, und fragt weiter, welche Rolle der psychopathische Anteil bei einigen der Führungspersonen spielt. Er nimmt an, dass die Mitgliedschaft zum regierenden Apparat bei Funktionsträgern zu der gefährlichen Versuchung führen kann, lange unterdrückte Gefühle von Allmacht zu aktivieren.

Wie heißt es so treffend in der Psychologie: Die Bewusstma-chung und das Erkennen von kritischen Lebensereignissen ist der erste Schritt für eine Veränderung! In diesem Sinne sind diese Zeilen entstanden.

EPILOGUS

JETZT - VERTAN -
„DIE WIRKLICHE WIRKLICHKEIT"

Sie konstruieren, variieren Wirklichkeit
in Ihren Hirnen:

Glauben an die Konstruktion –

Debattieren, diskutieren,
versuchen zu realisieren,
versuchen zu zementieren
in anderen Hirnen.

Nun wird sie opportun und „wirklich" „wirklich"
bis unmerklich aber merkbar-sonderbar
er sich auftut.
Er - der menschliche Wahn.

Was getan werden muss wird getan.

Und jetzt, JETZT
Haben wir uns vertan?!

BN

Die psychosozialen Folgen für Kinder und Jugendliche in der „Pandemie"
Eingepreiste Kollateralschäden oder extreme Kurzsichtigkeit?

18. Januar 2022

Die „Corona-Maßnahmen" haben auf die psychische Gesundheit von Kindern weitreichende Auswirkungen: Reifeprozesse und Identitätsfindung werden stark eingeschränkt. Die Regierung nimmt damit die irreversiblen psychosozialen Spät- und Langzeitfolgen in Kauf.

Das gesamtgesellschaftliche Spektrum der psychischen Folgeschäden der „Corona-Pandemie" ist bisher kaum analysiert und bewertet worden. Dabei ist die psychische Belastung enorm und die heftigste Welle kommt erst noch. Vergangene Krisen zeigen: Der Höhepunkt der psychosozialen Belastungen kommt erst nach dem Abklingen der ursächlichen Krise, weil die Psyche immer erst zeitverzögert reagiert.

Psychosoziale Folgen

Insbesondere die Folgen der „Corona-Maßnahmen" auf die psychische Gesundheit von Kindern und Jugendlichen sind weitreichend und werden jetzt in den psychotherapeutischen und psychiatrischen Praxen sichtbar. Konflikte mit den Eltern, Homeschooling, fehlende soziale Kontakte mit Freunden, Sorgen um Angehörige sowie Zukunftsängste haben Heranwachsende psychisch stark belastet.

Sie alle machen aufgrund ihres Alters eine unglaublich dynamische Entwicklung durch. Anders als die Erwachsenen, die oft jahrelang in ihrer psychosozialen Entwicklung auf einem relativ stabilen Niveau bleiben, müssen sich Kinder und Jugendliche von Jahr zu Jahr weiterentwickeln. In diesem Alter finden Reifeprozesse und Identitätsfindung statt.

Experten aus der Kinder- und Jugendpsychologie sehen schon länger, welche psychischen und psychosomatischen Folgen die „Pandemie" für die Kinder hat. So zeigen sich bei Kindern Ängste, Schlafstörungen, psychosomatische Reaktionen, viel Traurigkeit. Bei Jungen versteckt sich Depression und tiefe Traurigkeit oft hinter Wut, Ärger, Aggressionen und Hyperaktivität. Sie konnten zu lange nicht herumtoben, haben auch jetzt noch zu viel Abstand zueinander. Bei Mädchen sind Trauma-Symptome zu sehen: Sie sind sehr ängstlich, traurig und schnell gestresst.

Corona – Angst. Was mit unserer Psyche geschieht."Überproportional betroffen ist der Nachwuchs aus schwierigen sozialen Verhältnissen, der in engen Wohnverhältnissen lebt und dessen Erziehungsberechtigte voll und ganz damit beschäftigt sind, den Alltag zu meistern. Eine Entwicklung, die schon vor der „Pandemie" zu beobachten war, durch diese aber verstärkt und sichtbarer wurde.

Ein Teil hat die „Pandemie" bisher gut gemeistert, ein weiteres Drittel wird mit guter Unterstützung unbeschadet aus der Krise kommen, aber bei einem Drittel wird es gravierende Schädigungen geben. Langfristig ist mit Depressionen, Angststörungen und erhöhtem Aggressionspotenzial zu rechnen. Bei Jugendlichen zeigt sich ein erhöhtes Suchtpotenzial, bei Mädchen ein enormer Anstieg der Essstörungen. Der Online-Konsum ist extrem gestiegen. Gleichzeitig haben Kinder und Jugendliche viel zu wenig Bewegung. Gaming- und Gamblingsucht war auch vor der „Pandemie" festzustellen, aber durch sie ist diese stark gewachsen. Auf den Jugendpsychiatrien sind die Sucht-Stationen extrem voll. Realistisch ist, dass ein Teil dieser Generation verloren gehen wird.

Eltern, Lehrer, Schule

Was die Schulen betrifft, so sind Kinder in Deutschland im internationalen Vergleich besonders von den in der „Corona-

Pandemie" verordneten Schulschließungen betroffen gewesen. Andere Länder wie z. B. Dänemark, Frankreich und Schweden zeigen, wie es anders geht, als nur restriktive Schulschließungen durchzuführen. Zudem zeigt sich, dass die Einschränkungen für Schulkinder oft größer gewesen sind als für erwachsene Arbeitnehmer.

Kaum etwas wird so emotional diskutiert wie die Sorgen um die Kinder in der Pandemie. Die Gründe dafür könnten unterschiedlicher nicht sein, Konsens herrscht lediglich darüber, dass sich fast alle Eltern von der Politik im Stich gelassen fühlen.

Das psychische Wohlbefinden von Eltern in Deutschland hat während der Pandemie messbar gelitten. So gaben Väter und Mütter an, sich insgesamt gestresster und psychisch belasteter zu fühlen als vor Corona. Das zeigt u. a. eine Studie der WZB in Zusammenarbeit mit der Ruhr-Universität Bochum, die von März 2020 bis April 2021 durchgeführt wurde.

Viele Eltern sind mittlerweile bereit, weitere Maßnahmen hinzunehmen, wenn nur die Bildungseinrichtungen in diesem Winter geöffnet bleiben. Gleichzeitig spielen sich in den Schulen Szenen ab, die vor der Pandemie einen gesellschaftlichen Aufschrei ausgelöst hätten. Da gibt es Tafeln, auf der einen Seite die Geimpften stehend, auf der anderen die nicht Geimpften, die sich dann vor der versammelten Klasse regelmäßigen Tests unterziehen müssen.

Da gibt es Lehrkräfte, die Kinder einzeln aufrufen und nach ihrem Impfstatus befragen: Wer geimpft ist, erhält einen Applaus, wer nicht, muss sich rechtfertigen. Jugendliche erinnern ihre Mitschüler an ihre „soziale Verantwortung", in der fälschlichen Annahme, dass sie es seien, die eine Verantwortung für die erwachsene Gesellschaft hätten, nicht diese für sie. Die soziale Spaltung ist längst in den Schulen angekommen.

Hier entsteht der Eindruck, dass es mehr um den „Schutz" der Lehrer geht als um die psychische Gesundheit der Kinder und Jugendlichen. Dabei ist das Risiko von Lehrern, sich mit dem Coronavirus zu infizieren, nicht größer als in anderen Teilen der Gesellschaft, die in regelmäßigem Kontakt zu anderen Bevölkerungsgruppen stehen.

Risikokompetenz

Ein Resultat der repressiven „Corona-Maßnahmen" sind letztendlich hochgradig verunsicherte und verängstigte Eltern und Lehrer, die kaum noch in der Lage sind, rational zu denken und zu handeln. Manche von ihnen regredieren als eine Reaktion auf Angst und Panik auf eine frühere Stufe ihrer Persönlichkeitsentwicklung und verhalten sich auch hier wie Kinder. Angst und Panik finden ebenso ihren paradoxen Ausdruck in Gleichgültigkeit und Apathie.

Neuinfektionen, Coronatote, die Reproduktionszahl R etc. – solche Zahlen haben die Bevölkerung in den vergangenen Monaten in Angst versetzt, auch weil sie diese Zahlen nicht verstehen und einordnen können.

Ein Problem ist, dass die wenigsten gelernt haben, mit Zahlen umzugehen und Wahrscheinlichkeiten zu verstehen. Da statistisches Denken nur rudimentär ausgeprägt ist, werden die Risiken häufig nicht verstanden und falsch eigeschätzt. Man nennt dies auch in der Psychologie mangelnde „Risikokompetenz". Das hat ziemlich dramatische Folgen in der „Corona-Pandemie", denn die „Experten" der Regierung sind meist risikokompetente Personen, die genau wissen wo die Triggerpunkte der Bevölkerung liegen. Im Klartext heißt das, sie wissen wie man mit Zahlen Menschen manipulieren kann, um das Angstlevel weiterhin hoch zu halten. Auf Hilfe von Experten zu setzen, ist daher riskant: Viele sind Interessenkonflikten unterworfen, ihr Sagen und Tun klafft auseinander; andere schauen nicht über den Rand ihres Fachgebiets und sind überrascht von Wechselwirkungen.

Was wir brauchen, sind also mehr Menschen – sprich auch Lehrer und Eltern –, die in der „Corona-Pandemie" unabhängig mitdenken. Menschen, die risikokompetent sind, die gelernt haben, zu fragen: Wie groß sind die Risiken wirklich und wodurch kommen sie zustande? Die Beantwortung dieser Fragestellungen kann irrationale und übertriebene Ängste eindämmen und Mut zum Handeln auslösen, denn Handeln besiegt Angst.

Regierung

Was weiß aber die Regierung zu den Zahlen und über die psychosozialen Folgen von Kindern und Jugendlichen in der „Corona-Pandemie"? In einem Spiegel-Artikel (30.6.2021) wird behauptet, dass die Bundesregierung kaum Informationen über die Lage von jungen Menschen in der Pandemie hat, und zählt eine Reihe von Wissensdefiziten auf. Tatsächlich ist die Situation eine andere. In z. B. einem gemeinsamen Bericht von BMG und BMFSFJ für die Kabinettsitzung am 30. Juni 2021 wird unter „TOP Verschiedenes": „Übersicht zu gesundheitlichen Auswirkungen der Corona-Pandemie auf Kinder und Jugendliche (Stand 29. Juni 2021)" in dem siebenseitigen Paper sehr differenziert dargestellt, welche aktuellen Folgen sowie Spät- und Langzeitfolgen die „Corona-Pandemie" und die durchgeführten Maßnahmen auslösen.

Gleich in der Darstellung der Ausgangslage wird festgestellt, Zitat: „Durch die Veränderung der Alltagsstruktur (Schul- und Kitaschließungen) und die Kontaktbeschränkungen samt deren Auswirkungen können bei Kindern und Jugendlichen unter anderem Zukunftsängste, Leistungsdruck und Vereinsamung zunehmen. Die mangelnde soziale Interaktion mit Gleichaltrigen, übermäßiger Medienkonsum, Bewegungsmangel und Fehlernährung während der Pandemie stellen ein Risiko für die gesunde Entwicklung von Kindern und Jugendlichen dar."

Allein diese Feststellung zeigt die Informiertheit der Regierung über die psychosozialen Folgen der „Pandemie". Genauer wird dann in diesem Bericht über die psychische Gesundheit, weitere Aspekte der Gesundheit und des Wohlbefindens von Kindern und Jugendlichen sowie Folgewirkungen und bisherige Maßnahmen des Bundes eingegangen.

So wurde im vom BMFSFJ eingesetzten Corona-KiTa-Rat von den Kinder- und Jugendärzten u. a. berichtet, dass die in den Kommunen im Jahr 2021 durchgeführten Schuleingangsuntersuchungen ein besorgniserregendes Bild zeigten. Demnach wiesen Kinder vor der 1. Klasse deutlich vermehrt Defizite im sprachlichen, motorischen und sozial-emotionalen Bereich auf.

Zwar sehen die bisherigen Pläne der Ampel-Parteien keine flächendeckenden Schulschließungen mehr vor, regional aber sind diese auch künftig möglich. Auch Auflagen, die Wechsel- und Distanzunterricht sowie Abstandsregeln beinhalten, sind nicht ausdrücklich ausgeschlossen. In einigen Bundesländern ist die Präsenzpflicht bereits aufgehoben, erste Schulen sind wieder geschlossen worden. Eine faktenbasierte Einordnung auf der Grundlage wissenschaftlicher Evidenz wird somit nicht mehr möglich sein. Das Vertrauen der Eltern und der Lehrer in politische Entscheidungen zum Wohle der Heranwachsenden ist verloren gegangen und wird auch für länger gestört bleiben.

Überraschend ist aber auch in diesem Zusammenhang, dass es so gut wie keine kritischen Äußerungen der Kinder- und Jugendärzte sowie auch der Psychologen zu den „Corona-Maßnahmen" gibt – also zu den Ursachen der psychosozialen Folgen für Kinder und Jugendliche. Vielmehr werden nur die „Symptome" analysiert und behandelt. Es hat den Anschein, dass sie vielmehr zu sehr intellektuell, strukturell und personell in ein Gesundheitssystem verwickelt sind, das die herrschende „Corona-Ideologie" maßgeblich beeinflusst und forciert, wie der Psychologe Michael Ley in seinem Artikel „Therapeutische

Reinräume: Über das Schweigen der Psychologen (M. Ley & C. Vierboom, 2021)" formuliert hat.

Als Fazit ist zu konstatieren: Die Regierung nimmt wissentlich in Kauf – welches Handlungsmotiv auch immer dahinterstehen mag –, dass ein großer Teil der Kinder und Jugendlichen in unserem Land an massiven irreversibel psychosozialen Spät- und Langzeitfolgen erkranken wird und auch schon erkrankt ist. Wie es scheint, sind sie als Kollateralschäden der ins totalitäre abgleitenden „Corona-Maßnahmen" mit eingepreist worden. Die „Impfung" mit einem „mRNA-Impfstoff" für alle Kinder und Jugendlichen zwischen 5 und 11 Jahren und ab 12 Jahren wäre dann nur die Fortsetzung der repressiven Corona-Maßnahmen und die Missachtung des „Nürnberger Kodex" (1947): „Die freiwillige Zustimmung der Versuchsperson ist unbedingt erforderlich. Das heißt, dass die betreffende Person im juristischen Sinne fähig sein muss, ihre Einwilligung zu geben; dass sie in der Lage sein muss, unbeeinflusst durch Gewalt, Betrug, List, Druck, Vortäuschung oder irgendeine andere Form der Überredung oder des Zwanges, von ihrem Urteilsvermögen Gebrauch zu machen […].

EPILOGUS

Kinder

Kinder der Welt, kleine Wesen;
Kontinente bewegen Schichten der Erde,
Kontinente zeigen Unterschiede des Lebens.
Manche Kinder versuchen
vergebens Brotkrumen zu nehmen,
die ihnen Mächtige verwehren.

Frauen gebären ihrer noch mehr;
Gesichter werden leer, verlöschen,
werden aufgesogen vom
Sog des Lebens.

Kontinente, westliche Welt, strahlendes Schimmern
der käuflichen Welt.
Überdruss der materiellen Dinge,
kleine Wesen werden gemessen,
doch nicht ihr Wuchs,
die KAUFKRAFT,
das KONSUMVERGNÜGEN,
diese WERTE können nicht lügen.

BN

Warum die Kinder-Impfung für das „Corona-System" notwendig ist

29. Juni 2022

mRNA-Injektionen erhöhen die Wahrscheinlichkeit, dass Kinder schwer an Covid-19 erkranken. Doch der medizinisch-pharmaindustrielle Komplex hält eisern an ihnen fest.

Mit jedem Tag wird immer deutlicher, dass die mRNA-Impfstoffe eine geringe Basiswirksamkeit haben und toxisch sein können. Dies gilt auch für die „Kinderimpfung". „Passend" dazu hat aktuell die Ständige Impfkommission (STIKO) für alle fünf- bis elfjährigen Kinder eine Corona-Impfung empfohlen. Den Kindern soll einmalig ein mRNA-Impfstoff verabreicht werden – vorzugsweise mit dem Vakzin von BioNTech.

Die Kinderimpfung

In einem aktuellen Beitrag zur „Impfung" von Kindern verweist Andreas Zimmermann, ein ausgewiesener Experte, auf Folgendes: „Die modRNA-Injektionen verringern laut der eigenen Daten in der Zulassungsstudie nicht etwa, sondern sie erhöhen die Wahrscheinlichkeit, dass Kinder schwer an Covid-19 erkranken können. Sie können also Kinder krank machen. Dennoch wurden sie jetzt von der US-Behörde FDA zugelassen…Die Injektion dieser Substanzen für Kinder (oder eine beliebige andere Altersgruppe) zu genehmigen, durchzuführen oder gar vorzuschreiben, ist nicht einfach nur geldgierig, verblendet, korrupt oder machtgierig. Es ist etwas, dessen Existenz in unserer modernen Gesellschaft gerne geleugnet wird: Es ist das Böse".

Wenn es also keine fachlichen Gründe sein können, die für die „Corona- Akteure" handlungsleitend sind, was ist es dann? Mit Geldgier, Verblendung, Korruptheit und Machtgier sind schon einmal explizit einige relevante Motivatoren benannt worden, die das Handeln relevanter Corona-Akteure in weiten Teilen bestimmen könnten. Die Motivation und das Handeln der Corona-Akteure werde ich daher mit einer kurzen systemischen Betrachtung näher beleuchten. „Das Böse" bedarf einer gesonderten Betrachtung, die im Anschluss daran erfolgt.

Systemische Betrachtung des Corona-Komplexes

Von einer systemischen Betrachtungsweise spricht man dann, wenn die Dinge als System betrachtet werden, wenn also einzelne Teile im Zusammenhang mit dem größeren Ganzen zu sehen sind, dem sie angehören. In diesem Sinne werden die Corona-Akteure im Rahmen des Corona-Komplexes betrachtet und analysiert. Es sind keine neuen Erkenntnisse, die hier zum Tragen kommen, aber viele Ungereimtheiten, die sich in der „Corona-Pandemie" noch einmal potenziert haben.

Wie ist das „Corona-System" oder auch der medizinisch-pharmaindustrielle Komplex von einer systemischen Betrachtungsweise her zu analysieren? Vorweg sei erwähnt, dass ich nicht weiter auf die Subsysteme des „Corona-Komplexes" wie z. B. die Standesvertretungen von Ärzten und Apothekern und anderen Institutionen und Profiteuren eingehen werde. Auch die Mainstream-Medien als Katalysatoren der „Corona-Pandemie" bleiben hier ausnahmsweise einmal außen vor.

Unter dem medizinisch-industriellen Komplex versteht man die zunehmende Verflechtung von Industrie und insbesondere der Pharmaindustrie und Medizin. Die Hauptakteure dieses Systems sind die allseits bekannten internationalen Organisationen WHO (Weltgesundheitsorganisation), EMA (Europäische Arzneimittel-Agentur) und GAVI (Globale Impfallianz), die im engen Zusammenschluss mit der Bill-und-Melinda-Gates-Stiftung stehen. Die WHO wird mittlerweile zu 80 Prozent von privaten Geldgebern und Stiftungen finanziert. Größter privater Geldgeber ist die Bill-und-Melinda-Gates-Stiftung. Spätestens wenn man dann noch hört, dass der Jahresetat der EMA nur zu

15 Prozent von der EU finanziert wird, aber zu 85 Prozent von der Pharmaindustrie, weiß man nicht, ob man lachen oder weinen soll. Fakt ist, dass die EMA die Regeln der Unabhängigkeit missachtet. GAVI ist ein Zusammenschluss von Regierungen, der Pharmaindustrie und einigen wenigen Vertretern der Zivilgesellschaft (u. a. Bill Gates) mit dem „hehren" Ziel, dass in Zukunft alle Kinder der Welt mit den „innovativen Impfstoffen" versorgt werden sollen.

Die Corona- Quadriga

Auf staatlicher Ebene in Deutschland sind die Hauptakteure das BMG (Bundesministerium für Gesundheit), das RKI (Robert Koch-Institut), das PEI (Paul-Ehrlich-Institut) und die STIKO (Ständige Impfkommission). Die Bundesoberbehörden RKI und PEI sind dem BMG unmittelbar nachgeordnet. Die STIKO ist ein Expertengremium, dessen Tätigkeit von der Geschäftsstelle im Fachgebiet Impfprävention des Robert Koch-Instituts unterstützt wird. Allen drei Institutionen ist gemeinsam, dass sie sich nachweislich vom BGM politisch instrumentalisieren lassen. Insbesondere das RKI hat einschlägige Erfahrungen mit der politischen Instrumentalisierung. Zwischen 1935 und 1942 war das RKI dem Reichsgesundheitsamt unterstellt, dessen Präsident ein höchst aktiver Nationalsozialist war. Es hatten sich nicht nur einzelne Mitarbeiter für den Nationalsozialismus begeistert, fast alle waren von der braunen Ideologie durchdrungen. Und „by the way": Die Bill-und-Melinda-Gates-Stiftung zahlte dem Robert Koch-Institut im November 2021 500.000 US-Dollar. Auf das historische Totalversagen und die Fehlleistungen von RKI und PEI werde ich nicht weiter eingehen, da dies „Stoff" für einen gesonderten Artikel wäre.

Ärzte und Wissenschaftler

Wie muss die Motivation und das Verhalten von Ärzten und Wissenschaftlern im „Corona-System", sprich auch im medizinisch-pharmaindustriellen Komplex, eingeordnet werden?

Die Ärzte und Wissenschaftler im Medizinsektor profitieren von finanziellen Hilfen durch die Pharmaindustrie. Das ist z. B. dann der Fall, wenn die Pharmaindustrie wissenschaftliche Studien initiiert und Wissenschaftler bittet, dass sie diese Artikel gegen Bezahlung unter der „Flagge" der Pharmaindustrie publizieren, während die eigentlichen „Ghostwriter" ungenannt bleiben.

Dieses „Sponsoring" der Pharmaindustrie finanziert medizinische Fortbildungen und Arzneimittelstudien. Damit werden Wissen und Wissenschaft, aber auch der Absatz der Pharmaprodukte gefördert. Weil viele Ärzte und Wissenschaftler keine öffentliche Unterstützung ihrer Forschung erhalten, sind sie auf externe Finanzmittel angewiesen. Sponsoring ist letztendlich ein Business-Programm und keine mildtätige Gabe. Es wird somit immer schwieriger, Wissenschaftler für Editorials über medizinische Themen zu finden, die keine finanziellen Verbindungen zur Pharmaindustrie haben. Zudem profitieren Ärzte und Wissenschaftler durch von der Pharmaindustrie angebotene Geschenke, Reisen, Beraterhonorare, Vortragshonorare und Forschungsgelder. Diese von der Pharmaindustrie angebotenen „Gaben" sind in der Lage, ein sachgemäßes ärztliches oder auch wissenschaftliches Urteil zu trüben. Geschenke können bewusst oder unbewusst dazu führen, eine Gegenleistung zu erbringen. Tatsache ist, dass insbesondere für die „Corona-Impfstoffe" viel Geld im Spiel ist. Allein auf Initiative der EU-Kommission haben Regierungen, Organisationen und Privatleute Geld im zweistelligen Milliardenbereich für die COVID-19-Forschung zugesagt. Damit sollen allen Ländern ein Impfstoff, Medikamente und Testmaterial bereitgestellt werden. Sowie die vielen Milliarden Euro, um für „Impfungen" zu werben.

Das Böse

Aus psychologischer Sicht werde ich nun „das Böse" kurz darstellen. Die Psychologie sieht Menschen als die Summe verschiedener charakterlicher Merkmale. Bestimmte Ausprägungen und Konstellationen dieser Eigenschaften lassen einen Menschen in bestimmten Situationen eher "böse" Taten vollziehen als andere.

„Es ist etwas, dessen Existenz in unserer modernen Gesellschaft gerne geleugnet wird: Es ist das Böse" (Andreas Zimmermann). Die Lehre vom Bösen „Ponerologie" (lat. Poneros= Böses) ist eine neue Wissenschaft, obwohl das Phänomen des Bösen sehr alt ist. Bekannt wurde der polnische Psychologe Andrzej M. Lobaczewski (1921–2007) mit seinem Buch „Politische Ponerologie". Er und andere untersuchten u. a. 400 Personen aus allen gesellschaftlichen Schichten, die verhaltensauffällig geworden waren. Nur 14 Prozent von ihnen zeigten keine psychopathologischen Auffälligkeiten. In seinen weiteren Studien kam er zu dem Schluss, dass ca. 4 Prozent der Bevölkerung Psychopathen sind und diese hauptsächlich in Regierungen, Spitzenverbänden und anderen exponierten Stellungen arbeiten. Er nennt dies das „Makroböse, das eine ‚Pathokratie' bewirkt, die uns im Alltag in Gestalt von Arbeitskollegen oder Partnern begegnet. Er analysierte Eliten und Unterstützer von politisch unterdrückenden Regierungen und untersuchte Faktoren, die zusammenwirken, wenn Menschen sich gegenseitig unmenschlich behandeln. Er kommt zu dem Ergebnis, dass das einzige Mittel gegen das Böse und seine perfide Vorgehensweise einzelnen Menschen und Gruppen gegenüber das Wissen um seine Existenz und sein Wesen ist.

In diesem Zusammenhang stellt sich auch die Frage, welche Rolle der psychopathische Anteil bei einigen Personen der

Corona-Quadriga (BMG, RKI, PEI und STIKO) spielt. Die Corona-Krise könnte daher ein ideales „Spielfeld" für Personen mit psychopathischer Persönlichkeitsstruktur sein.

Eltern, vergebt ihnen nicht, denn sie wissen, was sie tun!

Die o. g. Überschrift ist bewusst angelehnt an den ersten Satz, den Jesus bei seiner Kreuzigung in Lukas 23:34 sprach, war „Vater, vergib ihnen, denn sie wissen nicht, was sie tun!" und soll so ein Appell an die Eltern sein, ihre Kinder nicht „impfen" zu lassen, denn die STIKO weiß genau was sie tut! Wenn wir die Prämisse setzen, dass es keine fachlichen Gründe sein können – was hier selbstverständlich nur ein „Gedankenexperiment" ist – die für die STIKO handlungsleitend sind, was ist es dann? Mit Geldgier, Verblendung, Korruptheit und Machtgier sind schon einmal explizit einige relevante Motivatoren benannt worden, die handlungsleitend sein könnten, sowie das sogenannte „Böse", das, wie wir gesehen haben, sich durch Menschen mit dissozialen Persönlichkeitsstrukturen Bahn bricht, was wir ihnen aber nicht unterstellen wollen.

Vielmehr spielen häufig auch exogene Faktoren eine Rolle, warum Menschen das tun, was sie tun. Es ist deutlich geworden, dass im medizinisch-pharmaindustriellen Komplex Wissenschaftler stark abhängig sind von Drittmitteln für ihre Forschungen. Das birgt die Gefahr, dass die Forscher in Interessenskonflikte geraten können, im Sinne von „Wessen Brot ich ess`, dessen Lied ich sing". Eine weitere Gefahr besteht durch den Rückzug und die Selbstzensur von Wissenschaftlern, wenn sie das gängige Wissenschaftsparadigma mit seinen Methoden und Leitsätzen nicht teilen. Häufig sind es dann emeritierte Professoren, die sich aus der Deckung wagen und rufen „der Kaiser ist nackt"! Das Märchen von des Kaisers neuen Kleidern ist eine schöne Parabel von der Macht der Einbildung, der Überzeugungskraft und dem sozialen Drucks.

Unabhängig von der expliziten Betrachtung der STIKO haben viele Ärzte und Wissenschaftler, die gegen den Corona- und Impfwahnsinn hätten angehen können, geschwiegen oder Desinformationen und Halbwahrheiten verbreitet, um ihre Zulassung, ihre Krankenhausprivilegien oder ihren privilegierten Status bei der Pharmaindustrie nicht zu gefährden, oder einfach nur, weil sie mit der allopathischen Orthodoxie im Studium „benebelt" worden sind und an diesem Dogma festhalten. Auch sogenannte Unabhängige Experten und selbst die Mitarbeiter der bekannten Institutionen, die mit der Bekämpfung von Epidemien beauftragt sind, entpuppen sich bei näherer Betrachtung als Lobbyisten der Pharmaindustrie. Deshalb sollten wir die wenigen mutigen Ärzte und Wissenschaftler loben, wertschätzen und aktiv unterstützen.

EPILOGUS

VAIDS

Menschen:
Frauen, Männer, junges Leben
Sucht Sinn, sucht Leben
PLÖTZLICH
schwindet die Lebenskraft;
Und es wird sichtbar was die „Spritze" schafft: VAIDS
Krankheit, Schmerzen, Siechtum;
Demenz – Schranken des Lebens
Schattensein: Todesahnung erwacht
Gefühle die verwirren,
Vorher nie gekannt,
Weisen auf die Fakten des Lebens:
GEBURT und STERBEN.
Letzteres meist nur im hier und jetzt zu „erwerben";
Die Realität zerbricht,
schafft auch neue KRÄFTE;
ablösend die siechenden Körpersäfte:

Leiser Hauch von	EWIGKEIT;
Von anderer	WIRKLICHKEIT
Nie geahnte	MÖGLICHKEIT.

BN

Make-up für die Seele
Warum junge Menschen wieder vermehrt Maske tragen

23. Dezember 2022

Die Maske ist zum Symbol des entleerten Gesichts geworden. Obwohl fast überall die Maskenpflicht aufgehoben wurde, tragen sie dennoch viele – besonders junge – Menschen freiwillig weiter. Warum?

In der Frühphase der „Pandemie" verbreiteten noch Fachleute in Deutschland vielfach die Information, das Tragen von Masken bringe nichts, weil sie nicht schützten. „Atemmasken für Gesunde sind unnötig", schrieb im Februar 2020 die Bundesvereinigung Deutscher Apothekerverbände. Dann kam die Maskenpflicht, aus welchen Gründen auch immer.

Nach nun zwei Jahren Maskenpflicht in Deutschland muss man konstatieren, dass wir genau dort stehen, wo die Professorin für Krankenhaushygiene Ines Kappstein schon im Sommer des Jahres 2020 stehen sah: Für die Maskentragepflicht gibt es nicht nur keine wissenschaftliche Grundlage, sondern man muss davon ausgehen, dass das dauerhafte Maskentragen medizinisch schlicht und einfach kontraproduktiv ist.

Das ist auch die aktuelle Ansicht des Kinderärztepräsidenten Thomas Fischbach, der eine weitere Verschärfung der angespannten Lage in den Kinderkliniken befürchtet, aber eine Maskenpflicht eher für kontraproduktiv hält. Und es könnte noch schlimmer kommen: „Denn normalerweise stehen wir Anfang Dezember erst am Beginn der Erkältungssaison. Die Spitze der Infektionswelle steht also noch vor uns" (Neue Osnabrücker Zeitung). Rufen nach einer Rückkehr der Maskenpflicht für Kinder und Eltern erteilt Fischbach jedoch eine Absage.

Psychologie des Maskentragens

Die Maske ist im Laufe der letzten zwei Jahre zum Symbol des entleerten Gesichts geworden. Es treten nicht mehr Individuen auf, sondern es wird durch die Uniformität eine Masse erzeugt. Außerdem wurden die psychologischen Folgen bisher in der Debatte völlig ausgeblendet, wie schwere sozialpsychologische Schäden, z. B. durch die Schädigung elementarer Sozialisierungsprozesse bei Kindern und Jugendlichen. Es ist daher sinnvoll, das „Masketragen" einmal näher unter psychologischen Gesichtspunkten zu betrachten.

Diejenigen, die selbst wenig haben, bitte ich ausdrücklich darum, das Wenige zu behalten. Umso mehr freut mich Unterstützung von allen, denen sie nicht weh tut!

Wer sich mit der Psychologie als Wissenschaft beschäftigt, macht dies immer vor dem Hintergrund der sogenannten Alltagspsychologie – die von den meisten Menschen einer Kultur geteilten Annahmen und Vorstellungen über das Erleben und Verhalten beinhaltet. So hilfreich das Konzept Persönlichkeit im Alltag ist, bleibt es doch meistens unscharf formuliert. Wissenschaftliche Persönlichkeitskonzepte gehen über diese naiven Annahmen hinaus. Die hier formulierten Betrachtungen zur Psychologie des Masketragens soll ein erster alltagspsychologischer Aufschlag zum Phänomen des Masketragens sein, dem weitere differenziertere wissenschaftliche Persönlichkeitskonzepte folgen sollten.

Soziokulturelle Aspekte des Masketragens

Im asiatischen Raum ist es eine soziale Norm, dass Menschen eine Maske tragen, wenn Sie erkältet sind, um andere zu schützen. Es sind auch kulturelle Gründe, die dafür sorgen, dass Atemmasken im ostasiatischen Raum die Regel und im westlichen Kulturraum die Ausnahme sind. Das hat auch etwas mit der Rolle zu tun, die das Gemeinwesen im ostasiatischen Raum spielt. Es geht um das konfuzianische Verständnis vom gemeinsamen Wohlergehen. Das Gemeinwohl ist wichtiger als das persönliche Ego. Daraus resultiert ein größeres Augenmerk auf das Wohlergehen der anderen. Das Prinzip des richtigen Verhaltens im Kollektiv prägt viele asiatische Gesellschaften stark.

Das ist ein fundamentaler kultureller Unterschied zum westlichen Verständnis von Individualismus und dem Streben des Einzelnen nach Glück. Die in der westlichen Welt vorrangigen Prinzipien wie bürgerliche Freiheitsrechte, individuelles Glücksstreben, Primat der Wirtschaft, ausgeglichene Kosten-Nutzen-Rechnung bilden quasi einen Gegenpol. Zudem zeigen Studiendaten im Rahmen von anderen „Pandemien", dass Masken in sogenannten freiheitsliebenden Gesellschaften deswegen so unbeliebt sind, weil sie subjektiv einen Hauch von Gleichschaltung erzeugen. Somit ist die Maske das perfekte Symbol für die Mentalitäts- und Kulturdifferenz zwischen den östlichen und westlichen Gesellschaften.

Warum wir keine Masken mögen

Es gibt tiefere Ursachen für die Masken-Aversion. Die geringe Akzeptanz rührt daher, dass uns das Gesicht in unserem Kulturkreis sehr wichtig ist in der Kommunikation mit unseren Mitmenschen. Das Gesicht ist das dominierende Sozialorgan. Eine Teilbedeckung des Gesichts bedeutet eine Art Kommunikationshemmnis, das zu Missverständnissen führen kann. Über die visuelle Interpretation der Mimik laufen bis zu siebzig Prozent der gesamten Kommunikation ab. Fehlen diese Informationen der Mimik, machen wir Fehler bei der Einordnung des Kommunizierten.

Die Maske – Make-up für die Seele

Psychologisch betrachtet können gerade die jungen Menschen vom Masketragen „profitieren", die eher besorgter, defensiver und emotional instabiler sind. Die Maske als quasi Make-up für die Seele, kann wie ein Schutzschild wirken und in Drucksituationen weniger Stresssymptome beim Maskenträger verursachen.

Sobald sich einige Maskenträger im sozialen Umfeld jüngerer Menschen befinden, finden sie es gar nicht mehr so merkwürdig, eine Maske zu tragen. Die soziale Norm verändert sich schnell mit unserer sozialen Gruppe: Sobald alle Masken tragen, sind die Maskenträger die Normalität und andere, die sich nicht daran halten, werden sich in Kürze seltsam fühlen. Wenn viele zum Beispiel bei Events eine Maske tragen, kann so etwas wie ein Herdentrieb einsetzen. Das sind soziale Normen, die in einer Situation entstehen. Wenn man abweicht von den anderen und sich als einziger Abweichler fühlt, hat man eine Tendenz, sich an das Verhalten der anderen anzupassen. Um dann keine Maske zu tragen, muss man sich erstmal über die soziale Norm hinwegsetzen können.

Gerade bei jüngeren Menschen führen Gehorsam und Konformität zu einem vordergründigen Zugehörigkeitsgefühl. Nüchtern betrachtet, ist Konformität nichts anderes, als das Phänomen des Gruppenpsychologie und des Gruppenzwangs.

Es zeigt sich aber auch, dass jüngere Personen sich unterschiedlich stark gesundheitlich gefährdet fühlen. Deshalb haben sich über die letzten Jahre auch unterschiedlich vorsichtige Verhaltensweisen etabliert, zum Masketragen oder eben keine Masken tragen, wenn es nicht Pflicht ist.

Ein weiterer Aspekt ist das Phänomen des „Abgedeckt seins". Es ist hinlänglich bekannt, dass durch bewusstes Abdecken von Gesichtspartien andere leichter in die Irre zu führen sind. Nicht umsonst heißt es: Wer sich verstellt, „setzt eine

Maske auf". Dies erzeugt oft ein gewisses Gefühl von Misstrauen beim Gegenüber.

Im Falle der Atemmasken kann auch ein tiefenpsychologisches Phänomen zutage treten, das auf der Interferenz der eigentlichen Maske durch die zugrundeliegende Absicht der Verdeckung beruht und die Funktion dieser je nach Intention verändert. Die „Gesichtslosigkeit" der persönlichen Identität befreit gleichzeitig von der Möglichkeit, von anderen verantwortlich gemacht zu werden und sich möglicherweise für das in eigener Entscheidung getroffene Handeln rechtfertigen zu müssen. Somit kann die „Gesichtslosigkeit" gerade bei jüngeren Menschen in ihren Peergroups ein Stimulus sein, vorbewusst „Spiele zu spielen".

Entwicklungspsychologische Aspekte

Meine persönliche Hypothese ist, dass die Welt heutzutage mehr Angst macht, weil sie unübersichtlicher geworden ist. Gerade für junge Menschen, bei denen die psychische Entwicklung noch nicht abgeschlossen ist und die „Corona- Pandemie" ein signifikant großer Stressor war und ist. Woran lässt sich das festmachen? Der Hauptgrund liegt laut einiger entwicklungspsychologischer Forscher darin, dass sich das Gehirn bis in die späten zwanziger Lebensjahre entwickelt. Die Entwicklung des präfrontalen Kortex, der wichtig für soziale Entscheidungsprozesse und die Ich-Entwicklung ist, ist erst im Alter von ca. 25 Jahren abgeschlossen.

Zudem zählen die Lebensjahre bis 25 zu den besonders fragilen. Etwa drei Viertel aller psychiatrischen Erkrankungen beginnen vor dem 25. Lebensjahr, auch ist die Rate der Suizidversuche bis zu diesem Alter insgesamt am höchsten. Insbesondere im Rahmen der „Corona- Pandemie" wurden viele passiv, andere reagierten mit massiven Angstsymptomen, wiederum andere mit psychosomatischen Symptomen. Durch die häufigen Themenwechsel und das Verwenden von Angst als Basisemotion wurde die Konditionierung der Menschen aufrechterhalten. Insbesondere die Mainstream-Medien sind dazu prädestiniert, diese quasi festgefügten Muster in den neuronalen Strukturen insbesondere der jungen Menschen zu manifestieren.

Manipulation der Massen

Gerade jüngere Menschen sind empfänglich für Methoden der psychologischen Beeinflussung. Den menschlichen Willen zu manipulieren und den Menschen auf Gehorsam zu programmieren, sind mit großer Wahrscheinlichkeit auch dem „Nudging"-Team im Bundeskanzleramt bekannt. Seit 2015 beschäftigt sich ein Forscherteam (Psychologen, Verhaltensökonomen, Juristen) im Bundeskanzleramt in dem Projekt „Wirksam regieren" unter anderem auch mit „Nudging"-Strategien, um Bürger in ihren Verhalten und Entscheidungen zu beeinflussen. Nudging (engl. für Schubs oder Stups) ist eine verhaltensökonomische Methode, bei der versucht wird, das Verhalten von Menschen auf vorhersagbare Weise zu beeinflussen.

Es gilt als sicher, dass dieses Team mitgewirkt hat beim strategischen Einsatz von Methoden und Maßnahmen („Erkenntnisse zu menschlichem Verhalten") des „Corona-Nudging" und somit den physischen, psychischen und sozialen Entscheidungskontext gezielt mitgestaltet hat in der „Corona-Pandemie", was mehr als erschreckend ist, insbesondere wegen der psychosozialen Folgen für Kinder und Jugendliche, u. a. auch in Bezug auf das Masketragen.

Wenn die Masken fallen

Trotz der nachweislich geringen Effektivität des Maskentragens wird von Politik und Medien sowie Teilen der Medizin, das Masketragen weiterhin propagiert. So behauptet aktuell Bundesjustizminister Marco Buschmann (FDP): „Masken schützen. Und in bestimmten Situationen ist eine Masken-pflicht auch zumutbar." Aber er sagt auch, dass der Staat Maskenpflichten nur bei hinreichender Evidenz verordnen könne, also mit wissenschaftlichen Nachweisen für deren Wirksamkeit und Nachweise für die Schutzwirkung von Masken gäbe es.

Verlassen wir uns daher lieber auf den Kinderärztepräsidenten Thomas Fischbach: „Der Schrei nach Masken ist der übliche Reflex der Politik. Dabei ist die Maskenpflicht der zurückliegenden zwei Jahre ja ein wichtiger Grund für die aktuelle Krise", sagt er. Denn wegen der Masken seien weder die Immunsysteme der Kinder noch der Eltern trainiert worden.

EPILOGUS

Zukunft HABEN

Sprechen ohne zu reden,
Schauen ohne zu sehen,
Atmen ohne zu leben,
Lieben ohne zu geben,
Streben, Alltag beleben,
Geschäftiges Nichts-Tun, ausruh'n,
Ausbuh'n die all die Dinge ins Gegenteil verkehren.
Linientreu, kopfscheu den Alltag verklären,
Weitermachen, Zukunft haben,
das Sein verwähren.

BN

Persönlichkeitsdeformationen

Narzissmus in den Machtzentralen?
Wenn sich Allmachtsgedanken Bahn brechen - eine psychologische Betrachtung

06. Dezember 2021

Bei einem nicht geringen Teil der relevanten politischen Akteure könnte eine dissoziale Persönlichkeitsstörung handlungsleitend sein, die im Rausch der gegenwärtigen Maßnahmen hemmungslos ausgelebt wird.

Die Ausgrenzung von Ungeimpften weist im Ansatz Merkmale totalitärer Tendenzen auf. Eine für alle „verbindliche Impfideologie", die durch Manipulation und Propaganda der Bevölkerung und deren Mobilisierung gesteuert wird, und die Ausübung von massivem Druck gegen Andersdenkende und -verhaltende sowie die tendenzielle Unterwerfung aller Lebensbereiche unter diese Ideologie gehen tendenziell in diese Richtung.

Es ist durchaus möglich, dass solche sich anbahnenden totalitären Entwicklungen unabsichtlich bzw. unwissentlich auch in sogenannten freien, demokratischen Staaten ablaufen könnten.

In diesem Zusammenhang stellt sich auch die Frage, welche Rolle der psychopathische Anteil bei einigen der politischen Führungspersonen spielt. Die Mitgliedschaft im regierenden Apparat kann bei Funktionsträgern zu der gefährlichen Versuchung führen, lange unterdrückte Gefühle von Allmacht zu aktivieren.

Die Corona-Krise ist daher ein ideales „Spielfeld" für Personen und hier insbesondere Politiker mit psychopathischer Persönlichkeitsstruktur. Wörtlich übersetzt bedeutet Psychopathie Geisteskrankheit. Einige Wissenschaftler halten Psychopathie für einen Gendefekt, andere für die Folge frühkindlicher Traumata. Diese Art von Geisteskrankheit unterscheidet sich radikal von allen anderen psychischen Erkrankungen. Einer der wichtigsten Unterschiede ist, dass Psychopathen ohne die Kooperation geistig gesunder Menschen keinen Schaden anrichten können. In der Gesamtbevölkerung weisen etwa vier bis fünf Prozent eine solche Persönlichkeitsstörung auf. In den Führungsetagen von Unternehmen und im politischen Sektor sollen es zehn Prozent und mehr sein, so das Ergebnis von wissenschaftlichen Untersuchungen (Kevin Dutton: „The Wisdom of Psychopaths", 2012).

Das besondere Merkmal dieser Persönlichkeitsstörung ist, dass die „Opfer" – sprich hier die Bevölkerung – das Phänomen selbst bestärken, indem sie unbewusst mit den Psychopathen kollaborieren. Da es einige Millionen Menschen betrifft, kann man von einer kollektiven oder auch Massenproblematik sprechen. Dieses Phänomen ist in der Öffentlichkeit so gut wie unbekannt. Die meisten Menschen verwenden den Begriff „Psychopath" für lustgetriebene Serienmörder oder grausame Menschen. Für Psychopathen ist es nicht typisch, Menschen zu verletzen oder zu töten, im Gegensatz zum Soziopathen, der ebenfalls eine dissoziale Persönlichkeitsstörung aufweist.

Der Soziopath ist leicht reizbar und neigt dazu, tätliche Gewalt auszuüben. Er ist bindungsfähig, aber nur so lange er seinen Willen durchsetzen kann. Durch mangelnde Impulskontrolle überwiegt bei ihm die aggressive Komponente. Er ist oft sozial unangepasst und wird häufig straffällig.

Ein weiterer Typus, der sich in exponierten gesellschaftlichen Stellungen und insbesondere in der Politik findet, ist der Narzisst. Es geht hierbei jedoch nicht um den subklinischen Narzissmus, sondern um die pathologische Form, die narzisstische Persönlichkeitsstörung. Der Narzisst kann weder sich selbst noch andere lieben. Er giert wie ein Süchtiger nach Lob und Bewunderung durch andere. Wenn er sie nicht bekommt, wird er unruhig, er muss immer mehr bekommen. Er denkt nur an sich selbst. Er ist das Maß aller Dinge und bewertet sich selbst sehr hoch. In andere kann er sich nicht hineinversetzen und einfühlen. Er ist gefühllos und gefühlskalt. Der Narzisst entwertet andere, um sich selber besser zu fühlen. Andere Menschen haben keinen Wert und daher auch keinen Überlebenswert. Die Entwertung ist für Narzissten notwendig, weil sie innerlich schwach sind. Sie haben daher ständig Angst um ihre gesellschaftliche Stellung und müssen sich ständig über andere erheben, um ihre innere Schwäche zu überdecken.

Die Konzentration soll hier aber auf dem Psychopathen liegen, der noch gefährlicher als der Narzisst ist, da er der Meister in der Ausübung struktureller Gewalt (z. B. Gesetze und Verordnungen, die legitim erscheinen) ist und diese gut geplant und durchdacht kaltblütig ausübt. Das wichtigste Merkmal des Psychopathen ist das Fehlen eines Gewissens. Weil Psychopathen dieses Gewissen fehlt, kennen sie keine moralischen Grenzen. Bei geistig gesunden Menschen ist das der wichtigste moralische Kompass. Psychopathen kreieren daher für ihre Außenwelt ständig eine Maske der Normalität. Schon von klein auf wird dieses Rollenspiel eingeübt und im Laufe Ihres Lebens nahezu perfektioniert. Sie zeigen das Gegenteil dessen, was ihre „wahre" Natur ist: Sie präsentieren sich als fürsorglich, sozial engagiert, als Anführer, Retter und als Garant von Sicherheit, Geborgenheit und Glück. Nur wenn es dem Psychopathen gelingt, sein Gegenüber zu täuschen und er Macht über es erlangt, kann er seine Psychopathie ausleben. Er ist Meister im Lügen, Täuschen, Tarnen und Verführen.

Alle Psychopathen streben nach Macht im Sinne von Erleben persönlicher Macht. Durch ihr pathologisches Machtmotiv und ihr eingeübtes Verhalten erreichen sie sehr häufig Top-Führungspositionen, in denen sie andere manipulieren und unterdrücken können. Weil sie kein Gewissen haben und keine Empathie besitzen, ist ihnen das Leid, das sie anderen zufügen, vollkommen egal. Sie nutzen ihre Macht, um Konkurrenten erbarmungslos zu vernichten. Je höher die Hierarchieebenen sind, desto mehr Psychopathen sind dort zu finden. Obwohl diese psychopathische Welt den meisten geistig gesunden Menschen vollständig fremd ist, wird sie aber durch die große Mehrheit von ihnen unter Führung der Psychopathen aufgebaut und verfestigt.

Somit wird sehr deutlich, dass sich eine Mehrheit der Bevölkerung in Deutschland in vorausauseilendem Gehorsam und Obrigkeitshörigkeit den Psychopathen unter den politischen Akteuren in der „Corona- Krise" unterwirft. Psychopathen, die an der Macht sind, haben aber die Möglichkeit, einer Enttarnung zu entgehen, da sie eine Schar von Gleichgesinnten um sich haben („Mitläufer und Radfahrer"), die von ihnen abhängig sind. Aber auch die seriösen und „geistig gesunden" Politiker lassen sich in der „Corona- Pandemie" von diesen wirkmächtigen Personen sozial anstecken, indem sie Methoden der „weißen Folter" (Albert Biderman,1956), die ein organisiertes System aus psychologischer Intervention und repressiver Maßnahmen darstellt, mittragen, um somit der Bevölkerung die gewünschte Konformität aufzuzwingen.

Die Psychopathen haben eben die größten Chancen, sich in der Politik durchzusetzen, weil der Selektionsprozess nicht die klügeren Menschen begünstigt, sondern die Rücksichtslosen. Denn Empathie (Einfühlungsvermögen) ist hinderlich bei der Kandidatenauswahl in den Parteien, sondern Egoismus ist das implizit präferierte Persönlichkeitsmerkmal für eine Kandidatur. Wie bereits erwähnt, können in den Führungsetagen von Unternehmen und im politischen Sektor bis über zehn Prozent der Akteure Psychopathen sein.

Was bedeutet das in Zahlen ausgedrückt?

Als interessante quantitative Beispiele sollen hier die relevanten politischen Akteure im „Bund" und in den „Ländern" dienen. In der Bundesregierung agieren 14 Minister und ein Bundeskanzler sowie 167 Staatssekretäre und Ministerialdirektoren (Insgesamt 182 Personen). Bei einer eher konservativen Zugrundelegung von einem zehnprozentigen Anteil von Personen mit psychopathischer Persönlichkeitsstruktur (PPP) wären 18 Personen Psychopathen. Bei einer Zugrundelegung von fünf Prozent „PPP" wären es immerhin noch 9 Personen. Mit Blick auf das Bundeskabinett könnten hier 1 bis 2 Personen psychopathische Persönlichkeitsanteile aufweisen.

In den Länderparlamenten agieren 16 Ministerpräsidenten und ca. 150 Minister und 150 Staatssekretäre (Insgesamt ca. 316 Personen). Wenn auch hier wieder die Zugrundelegung von einem zehnprozentigen Anteil von Personen mit psychopathischer Persönlichkeitsstruktur (PPP) erfolgt, wären 32 Personen Psychopathen. Bei einer Zugrundelegung von fünf Prozent PPP wären es noch 16 Personen. Mit Blick auf die Ministerpräsidenten könnten auch hier 1 bis 2 Personen psychopathische Persönlichkeitsanteile aufweisen.

Das erschreckende Ergebnis dieser rein quantitativen Betrachtung im politischen Sektor zeigt, dass Psychopathen mit an den Schalthebeln der Macht sitzen. Die sogenannte Corona-Krise ist der ideale Hort für solche Personen, ihre antisozialen Machtgelüste hemmungslos auszuleben. Sie üben Gewalt nicht selbst aus, sondern verteufeln den Gegner und hetzen das eigene Volk untereinander auf, wobei sie Menschen wie Schachfiguren bewegen. Dazu benötigen sie die Medien, die oft willfährig dieses perfide Spiel mitmachen. Es geht ihnen nicht um den Gesundheitsschutz in der „Corona-Pandemie", sondern um Macht, Kontrolle und Unterdrückung.

Zusammenfassend wird deutlich, dass Psychopathen wie auch Narzissten in der Politik gute Chancen haben, da Rücksichtnahme und Einfühlungsvermögen für eine Karriere als Politiker unvorteilhaft sind. Insbesondere Psychopathen, die an der politischen Macht sind, haben die Möglichkeit, einer Enttarnung zu entgehen, da sie eine Vielzahl von „Gleichgesinnten" um sich haben, die von ihnen abhängig sind.

„Interessant" wäre es in diesem Zusammenhang unter dem Blickwinkel der Psychopathie aber auch des Narzissmus, hochrangige deutsche Politiker insbesondere im Rahmen der „Corona-Pandemie" und „Impfapartheid" zu analysieren und zu bewerten. Dies könnte durchaus einige erhellende Erkenntnisse zum Vorschein bringen, die aber auch in vielerlei Hinsicht sehr schmerzvoll und gefährlich sein könnten.

Wie kommen wir aber aus diesem Strudel wieder raus?

Als erstes müssen wir erkennen, dass Psychopathen in der Politik als strategisches Instrument ihrer Machtausübung „strukturelle Macht" (SM) anwenden. Deutlicher wird diese Vorgehensweise, wenn man sie „offensichtlicher Gewalt" (OG) gegenüber stellt. Bei der OG ist die unmittelbare Tat direkt erkennbar. Der Täter ist meist bekannt, die Handlung leicht beweisbar. Die Gewalt tritt plötzlich auf und ist unmittelbar wirkend, sprich physisch wirkend. Sie ist meist offensichtlich und ungesetzlich. Man kann sie auch die Gewaltform der „kognitiv Limitierten" bezeichnen.

Demgegenüber sind bei der SG Handlungen nicht unmittelbar erkennbar, sondern in Strukturen verankert. Ihre Urheber sind oft im Verborgenen und somit ist die Verantwortung schwer festzustellen. Es ist eher ein schleichender Prozess, der sich erst langfristig bemerkbar macht und in Gesetze und Vorschriften gekleidet ist, die legitim erscheinen. Diese SG wirkt psychisch und seelisch zerstörend. Man kann sie auch die Gewaltform der „kognitiv Flexiblen" nennen.

Zudem müssen wir lernen, wieder die Kontrolle über unsere Emotionen wie Angst und das Bedürfnis nach Sicherheit zu übernehmen und zu behalten. Psychopathen können nur erfolgreich sein, wenn wir nicht merken, dass es sich um Psychopathen handelt. Sobald wir uns nicht mehr benutzen lassen, weil wir den Psychopathen erkannt haben, ist es vorbei. Mit einem gesellschaftlichen Bewusstsein der zweifelhaften Symbiose – Bevölkerung und Psychopathen – und dem Erkennen der Psychopathie wird der notwendige Nährboden entzogen.

EPILOGUS

Macht macht Macht

Verlorener Sinn, verlorenes Leben;
Macht erwächst.
Schafft eine Welt die dominiert,
die Gefühle erfriert,
die rationalisiert, die legitimiert.
Nur Manifestationen des täglichen Lebens;
Halb′ verdaut, kaum reflektiert,
akzeptiert in Ihrem „so sein"!
Argumente folgen, scheinen plausibel,
werden irreversibel,
niemand nimmt sie übel,
die Macht zur Macht, das Übel.

BN

Charaktertest Corona
Wenn die Masken fallen

29. März 2022

In großen Krisen fallen die Masken und es zeigt sich der wahre Charakter des Menschen. Wie und warum sie bei vielen aus den gesellschaftlichen Eliten aktuell in so hoher Geschwindigkeit gefallen sind, erklärt diese psychologische Analyse.

Der Angriffskrieg Putins gegen die Ukraine hält uns aktuell in Atem und viele Menschen in ängstlicher Spannung, die mit der Frage einhergeht, wie sich dieser Krieg weiter entwickeln wird. Die „Corona-Pandemie" ist somit in den Hintergrund getreten. Allerdings stellt sich auch gerade jetzt im Hinblick auf die Vorbereitung einer verfassungsrechtlich und medizinisch fragwürdigen allgemeinen Impfpflicht, die zur weiteren Spaltung unserer Gesellschaft beitragen würde, weiterhin die wichtige Frage:

Wozu sind gesellschaftliche Gruppen und Personen in der „Corona-Pandemie" fähig und bereit, zu tun, und wie sieht ihr „wahres Gesicht" aus, also ihr Charakter? Wie wir sehen können, ist die Diffamierung, Stigmatisierung und Etikettierung von Maßnahmenkritikern und ungeimpften Personen in allen gesellschaftlichen Bereichen weiterhin in Deutschland auf „voller Fahrt". Medien, Politik und Wirtschaft, aber auch Vertreter der Ärzteschaft und anderer gesellschaftlicher Gruppen „schießen" mit Worten und Taten auf die Kritiker und Ungeimpften ein.

In solchen Krisensituationen fallen die Masken und es zeigt sich dann der wahre Charakter des Menschen, wie es Helmut Schmidt einmal formulierte: „In der Krise beweist sich der Charakter."

Unter Charakter versteht man laienpsychologisch und auch wieder in neuster Zeit in der wissenschaftlichen Psychologie diejenigen persönlichen Kompetenzen, die die Voraussetzung für ein moralisches Verhalten bilden, oder wie es der Psychologe Gordon Allport auf den Punkt gebracht hat: „Der Charakter ist schlichtweg die Persönlichkeit, die aus ethischer Sicht beurteilt wird."

Emotionale Anspannung als Charaktertest

Wie zeigt sich nun das wahre Gesicht, also der Charakter der Menschen, in der „Corona-Pandemie" und in anderen kritischen Lebenssituationen?

Die Psychologin Elisabeth Lukas, bekannte Vertreterin der von Viktor E. Frankl begründeten Logotherapie, spricht in diesem Zusammenhang von einem „Supertest", den ich analog als „Charaktertest" bezeichnen werde. Sie führt dazu aus:

„Wenn ich daher im Folgenden von einem ‚Supertest' spreche, meine ich nicht Statistik. Ich meine ein Phänomen, das jeder bei sich selbst beobachten kann: Wir zeigen uns unter starker emotionaler Anspannung anders als sonst. Wir reden und handeln weniger besonnen, weniger kontrolliert und weniger maskenhaft. Unser ‚wahres Gesicht' kommt hinter unserer Sozialisierung ungeschminkt zum Vorschein. Wie sieht es aus? Wer einen Blick darauf erhascht, hat faktisch das Ergebnis eines ‚Supertests' vor sich".

Die grundsätzliche Frage ist also: „Wozu ist ein Mensch unter höchster emotionaler Anspannung fähig und bereit, und wozu ist er trotz höchster emotionaler Anspannung dennoch nicht bereit?" (Elisabeth Lukas, Spirituelle Psychologie, 1998).

Auf Alltagserfahrungen mit den Mitbürgern in der „Corona-Pandemie" möchte ich an dieser Stelle nicht weiter eingehen. Jeder von uns, glaube ich, kann über Erfahrungen mit Denunzianten, „Blockwarten", Diffamierern, Hetzern etc. berichten. Vielmehr soll verdeutlicht werden, wie und warum die Masken von gesellschaftlichen Eliten aktuell in so hoher Geschwindigkeit gefallen sind.

Der „Proband" des Corona-Charaktertests

Der für den Corona-Charaktertest ausgewählte „Proband" Professor Dr. Frank Ulrich Montgomery ist Arzt und ethisch-moralisch dem Nürnberger Kodex, dem Genfer Gelöbnis und der Berufsordnung für Ärzte verpflichtet. Diese Ethik-Trias soll jeden Menschen, unabhängig von seinen gesundheitlichen Ansichten, vor staatlichen Übergriffen in seine körperliche Integrität schützen.

Der hier nicht zufällig ausgewählte „Proband" ist aber auch stellvertretend für die Menschen, die quasi "über Nacht" ihre Position, Haltung oder Gesinnung aufgeben und sich einer Gruppe mit entgegengesetzten Ansichten, Ideen und Positionen anschließen. Man kann sie auch als Opportunisten und „Mitläufer" bezeichnen, die ihre Fahne nach dem aktuellen politischen und gesellschaftlichen Wind ausrichten.

Frank Ulrich Montgomery – 'Selbstdeklarierter Narzisst'

Professor Dr. Frank Ulrich Montgomery ist Arzt und war bis vor ca. 15 Jahren auch als Radiologe tätig. Von 1989 bis 2007 bekleidete er das Amt des Ersten Vorsitzenden des Bundesvorstandes der Ärztegewerkschaft Marburger Bund. Ebenfalls 2007 wurde er zum Vizepräsidenten der Bundesärztekammer berufen. Von 2011 bis 2019 war er deren Präsident. Montgomery ist seit 2019 der Vorsitzende des Weltärztebundes.

Die Bundesärztekammer forderte von ihm, dass er sich als Ratsvorsitzender des Weltärztebunds nur noch zu „internationalen medizinethischen Fragen" zu Wort melden solle. Was er allerdings zurückwies. Viele gesundheitspolitische Themen hätten eben eine internationale Dimension, ist Montgomery der Meinung: „In der Kammer besteht vermutlich eine gewisse Eifersucht, die sich unter anderem an meinem Narzissmus reibt. Zu dem stehe ich."

Daher noch ein kurzer Exkurs zum Narzissmus:

„Der Narzisst ist ein Typus, der sich in exponierten gesellschaftlichen Stellungen und insbesondere in der Politik wiederfindet. Er giert wie ein Süchtiger nach Lob und Bewunderung durch andere. Wenn er sie nicht bekommt, wird er unruhig, er muss immer mehr bekommen. Er denkt nur an sich selbst. Er ist das Maß aller Dinge und bewertet sich selbst sehr hoch. Der Narzisst entwertet andere, um sich selber besser zu fühlen. Andere Menschen haben keinen Wert und daher auch keinen Überlebenswert. Die Entwertung ist für Narzissten notwendig, weil sie innerlich schwach sind. Sie haben daher ständig Angst um ihre gesellschaftliche Stellung und müssen sich ständig über andere erheben, um ihre innere Schwäche zu überdecken."

Die folgenden beispielhaft ausgewählten Zitate zeigen das repressive Menschen- und Gesellschaftsbild mit narzisstischer Prägung des Vorsitzenden des Weltärztebundes, Professor Dr. Frank Ulrich Montgomery. Er ist überzeugt davon, dass man

„die Uninformierten erreichen und die ‚trotzigen' Menschen überzeugen muss, immer wieder. Mit allen Mitteln und als letztes Mittel auch mit einer Impfpflicht."

Montgomery zu Impfgegnern: „Die Dummen dürfen kein Faktor sein: ‚4U – ungeimpft, ungetestet, unbeugsam, unglaublich dumm!'"

Ebenso deutlich wird sein „Demokratieverständnis":

„Zu spät, zu halbherzig, zu unterschiedlich waren die Maßnahmen gegen das tödliche Virus. Zur Kakophonie der Ministerpräsidenten gesellte sich das parteipolitische Freiheitsgesäusel, das einen völlig falschen Freiheitsbegriff versprach."

Und weiter: „Ich stoße mich daran, dass kleine Richterlein sich hinstellen und wie gerade in Niedersachsen 2G im Einzelhandel kippen, weil sie es nicht für verhältnismäßig halten."

Hier zeigt sich auch der Gesellschaftscharakter eines demokratischen Rechtsstaates, der sich gerade „pandemiebedingt" im Wandel zu einem Maßnahmenstaat befindet, in dem Macht zunehmend Recht ersetzt und somit die Voraussetzung schafft, dass Frank Ulrich Montgomery die Maske fallen lässt und er sein repressives Menschen- und Gesellschaftsbild hemmungslos zum Vorschein bringen kann.

Fazit des Corona-Charaktertests

Anhand des Beispiels wird deutlich, dass ein Vertreter des öffentlichen Lebens die Maske hat fallen lassen und sein „wahres Gesicht" hinter seiner Sozialisierung ungeschminkt gezeigt hat.

Die „Corona-Pandemie" ist also ein Charaktertest, den sich das Leben sozusagen ausgedacht hat und dem wir immer dann unterworfen sind, wenn wir auch in anderen kritischen Situationen unter starke emotionale Anspannung geraten. Es wird dann sehr deutlich, wozu ein Mensch unter höchster emotionaler Anspannung fähig und bereit ist und wozu er trotz höchster emotionaler Anspannung dennoch nicht bereit ist.

Die Mitgliedschaft im „Corona-Establishment" kann dann durchaus bei Funktionsträgern zu der gefährlichen Versuchung führen, lange unterdrückte Gefühle von Allmacht zu aktivieren.

Da angenommen wird, dass der Charakter im Gegensatz zu klassischen Persönlichkeitseigenschaften veränderbar sei, gibt es vielleicht doch noch ein Quäntchen Hoffnung, dass sich das Ausmaß des Negativen noch „einhegen" lässt.

Wie ist dieses Verhalten nun psychologisch einzuordnen, zu erklären und zu bewerten?

Die Charaktertheorie Erich Fromms

Einen systemischen Erklärungsansatz dafür bietet die Charakterlehre von Erich Fromm. In seinem Buch „Psychoanalyse und Ethik" (1947) hat er erstmals umfassend die Entwicklung des menschlichen Charakters formuliert. Ein kurzer Überblick soll die Grundzüge seiner Charaktertheorie verdeutlichen.

Die Ausgangsfrage, die Fromm formulierte, war: Wie kann man menschliches Verhalten in einem gegebenen sozialen Kontext verstehen? Daraus leitete er ab, dass das Verhalten des Menschen und sein Charakter nicht nur individuell, sondern auch gesellschaftlich geprägt werden.

Der sich so herausbildende Charakter wird somit auch durch gesellschaftliche und kulturelle Vorbilder geformt. Er bezeichnet diese gesellschaftliche Formung als „Gesellschaftscharakter „. Es wird hier deutlich, dass der Terminus „Charakter" die dynamische Wechselwirkung zwischen dem individuellen Menschen und der Gesellschaft als Ganzes beschreibt, in der der Mensch lebt.

Die „Metamorphose" des Gesellschaftscharakters

Gesellschaft und Individuum stehen sich demnach nicht gegenüber, sondern vielmehr spiegelt der einzelne Mensch durch sein Verhalten auch die gesellschaftlichen Bedingungen wider.

Der Gesellschaftscharakter unseres Landes durchlebt gerade eine „Metamorphose" von einem demokratischen Rechtsstaat hin zu einem Maßnahmenstaat, in dem Macht zunehmend Recht ersetzt und der totalitäre Züge trägt.

Die „übergriffigen" Maßnahmen in der „Corona-Pandemie" werden durch fragwürdige Gesetze, Urteile und Verordnungen legitimiert, wie zum Beispiel das Gesetz zum Infektionsschutz, die „epidemische Notlage von nationaler Tragweite" und das BGH-Urteil, dass der Schutz von Leben und Gesundheit auch einschneidende Corona-Maßnahmen des Staats rechtfertigt.

Dieser Maßnahmenstaat orientiert sich zwar oberflächlich an diesen fragwürdigen Rechten, ist aber fast ausschließlich an Überlegungen der situativ-politischen Zweckmäßigkeit orientiert. Entscheidungen werden „nach Lage der Sache" getroffen. In diesem Sektor „fehlen die Normen und herrschen die Maßnahmen".

Das ist der „Humus", der so Charaktere wie Frank Ulrich Montgomery wachsen lässt, in dem sie ihre Masken ohne Skrupel fallen lassen können, und der dann ihr repressives Menschen- und Gesellschaftsbild zum Vorschein bringt. Hier wird sehr deutlich, dass der gesellschaftliche Wandel in Deutschland von einer Demokratie hin zu einer „Demokratur" die Maske von Montgomery hat abrupt fallen lassen: vom jovialen „Verbandsonkel" hin zum selbstgerechten Narzissten, der andere entwertet, um sich selber besser zu fühlen.

Wenn die Masken endgültig fallen

In diesem Zusammenhang möchte ich noch zum Schluss auf die Erfahrungen des renommierten Neurologen und Psychiaters Viktor E. Frankl in vier verschiedenen Konzentrationslagern, darunter Auschwitz, während des Zweiten Weltkriegs eingehen (… trotzdem Ja zum Leben sagen: Ein Psychologe erlebt das Konzentrationslager, 1946), die uns Mahnung und Richtschnur sein sollten:

„Menschen gleichmäßig dem Hunger auszusetzen (= starker emotionaler Anspannung auszusetzen, Anm. der Verf.). Mit der Zunahme des gebieterischen Nahrungsbedürfnisses werden alle individuellen Differenzen sich verwischen und an ihrer statt die uniformen Äußerungen des einen ungestillten Triebes treten (= sie werden alle sittlich verfallen, Anm. der Verf.), so war eigentlich eher genau das Gegenteil der Fall. In den Konzentrationslagern wurden die Menschen differenzierter (= ihre wahren Gesichter kamen zum Vorschein, Anm. der Verf.). Die Schweine demaskierten sich. Und die Heiligen taten es ebenfalls. Der Hunger entlarvte sie. Der war derselbe, im einen wie im anderen Falle. Die Menschen aber differenzierten sich (= sie versagten oder glänzten im Supertest, Anm. der Verf.)." (Elisabeth Lukas, Spirituelle Psychologie, 1998).

EPILOGUS

Ein Mann sieht GELB

Soma, Koma, Pharma;
ein fast göttliches Karma;

Patienten, Personal

Suchen die Stelle im weißen Kittel,
suchen rektal,
kriechen hinein,
machen's ihm anal.
Doch auf einmal und wie fatal,
das Bauherrenmodell;
das wird zur Qual.

Der Kittel wird grau,
die gelben Scheine werden mehr,
keine Gewähr auf Diagnose.
Patient sieht schwarz;
fällt ins Koma.
War nur 'ne Oma,
ist jetzt Soma

Sieht ein weißes Gewand..................

BN

Der „Coronatan"
Der deutsche Untertanengeist der „Pandemie"

09. April 2022

Die erschreckenden und bedrückenden Maßnahmen, Methoden und Grundrechtsverletzungen hat bis jetzt ein Großteil der Bevölkerung hingenommen. Welche Merkmale, Eigenschaften sind es nun, die dieses „Untertan-Verhalten" prägen?

Wie sieht nun die aktuelle Sachlage nach zwei Jahren „Corona- Pandemie" aus? Hatten wir wirklich eine „epidemische Lage von nationaler Tragweite"? Die Gefährdungslage lässt sich nur wissenschaftlich evident mit den beiden harten Endpunkten der Krankenhausbelegung und den Todesraten einschätzen. Zu keinem Zeitpunkt hatten wir eine Überbelegung der Krankenhausbetten inkl. Intensivbetten, sondern häufig eine Unterbelegung.

Mit jedem Tag wird auch immer deutlicher, dass die Gen-Impfstoffe eine geringe Basiswirksamkeit haben und toxisch sein können. Neue aktuelle Studien zeigen signifikant die relative Wirkungslosigkeit der Impfung und die daraus resultierenden Impfschäden. Ebenso deutlich werden tagtäglich die massiven gesellschaftlichen Kollateralschäden.

Trotz dieser eindeutigen Faktenlage finden 44 Prozent der für den Deutschland-Trend befragten Wahlberechtigten die Maßnahmen zur Eindämmung der Corona-Pandemie angemessen. Der Anteil derjenigen, denen die Maßnahmen nicht weit genug gehen, liegt bei 22 Prozent. Rund 31 Prozent der Umfrage-Teilnehmer gehen die Maßnahmen zu weit. Beim Thema Impfpflicht befürworten aktuell 53 Prozent der Befragten eine Impfpflicht für alle Personen ab 18 Jahren – zwölf Prozent würden eine Impfpflicht für Personen ab 50 Jahren vorziehen. Ein Drittel wiederum ist gegen eine Impfpflicht.

Enteignung des Denkens

Welche Rolle spielen dabei die Mainstream-Medien, dass wir eine vermeintliche Krisensituation so unterschiedlich wahrnehmen?

Einen nicht unerheblichen Part spielen hier Politik und Medien, die uns schon seit einigen Jahren das Denken abgewöhnen wollen. Das soll uns letztendlich in politisch korrekte Meinungskorridore einsperren, was dann zur Enteignung der Sprache und des Denkens führen würde. Ein schönes Beispiel dafür ist ein Focus- Artikel, der sich in der Rückschau wie eine Realsatire liest:

„‚Obrigkeitsdenken beginnt dort, wo die Menschen auf ihr eigenes Urteilsvermögen verzichten', sagt Soziologe Hartmut Rosa von der Universität Jena gegenüber FOCUS Online. Entscheidend sei die Basis, auf der sie ihre Entscheidungen treffen. Rosa: ‚Bleiben sie zuhause, weil es Ihnen der Staat vorschreibt oder weil sie selbst das Coronavirus als gesellschaftliches Problem erkannt haben?' Um diese Frage zu beantworten, lohnt ein Blick auf das Rednerpult der Bundespressekonferenz in den vergangenen Wochen. Seit Ausbruch der Corona-Krise sprechen dort, frei von politischem Kalkül vor allem Wissenschaftler. Deutschlands Politiker, gerade aber seine Bürger, hören dann interessiert zu, wenn der Chef des Robert-Koch-Instituts, Lothar Wieler, oder Virologe Christian Drosten über Themen wie Infektionszahlen oder exponentielles Wachstum sprechen. Vielmehr werden die teils drastischen Maßnahmen der Politik toleriert, weil sie hauptsächlich auf wissenschaftlichen Empfehlungen beruhen. Und das ist nicht obrigkeitshörig, sondern vernünftig. In dieser Dreiecksbeziehung aus Staat, Bürger und Wissenschaft ‚hat die Bevölkerung nicht das Gefühl, bevormundet zu werden, sondern sieht die Politik als ausführenden Arm eines gemeinsamen Interesses', sagt Soziologe Rosa, 'nämlich die Ausbreitung des Virus zu stoppen.'"

Der 'Coronatan'

Wie ist es also möglich, dass wir eine vermeintliche Krisensituation so anders wahrnehmen, uns so unterschiedlich verhalten und auslegen? Woher kommt diese Obrigkeitshörigkeit, dieser Untertanengeist?

Ein möglicher Erklärungsansatz ist der „Untertanengeist", die Obrigkeitshörigkeit der Deutschen. Gerade in der „Corona-Krise" erweisen sie sich als besonders obrigkeitshörig und staatskonform. Heinrich Mann hat diesen deutschen Nationalcharakter schon 1914 in seinem Werk „Der Untertan" vorhergesehen. Analog zu dem Buchtitel „Der Untertan" habe ich den Terminus „Coronatan" kreiert, der den häufig vorkommenden „Corona-Typus" in der „Pandemie" beschreiben soll.

Welche repressiven Maßnahmen hat ein Großteil der Menschen – sprich die „Coronatanen" – dieses Landes akzeptiert und mitgemacht? Welche Methoden wurden angewendet, damit die Bevölkerung die massiven Einschränkungen der Grundrechte akzeptiert und hinnimmt?

Bevor jedoch die konkreten Maßnahmen und Methoden des Corona-Zwangs näher erläutert werden, sollen noch einmal die massiven Eingriffe in die Grundrechte von uns Bürgern dargestellt werden:

Die Grundrechtsverletzungen und repressiven Maßnahmen in der 'Corona-Pandemie'

Verletzung der allgemeinen Handlungsfreiheit, des allgemeinen Persönlichkeitsrechts, des Rechts auf informationelle Selbstbestimmung, des Rechts auf Leben und körperliche Unversehrtheit, der Freiheit der Person, des Schutzes der Familie sowie der Menschenwürde. Zudem gibt es die Verletzung der Religionsfreiheit, der Kunstfreiheit, der Versammlungsfreiheit, der Freizügigkeit, der Berufsfreiheit, der Unverletzlichkeit der Wohnung, der Eigentumsfreiheit etc.

Die folgende Gesamtschau der durchgeführten Maßnahmen und Methoden in der „Corona-Pandemie" ist erschreckend und bedrückend:

Es wurde eine vollständige oder teilweise Isolierung von Einzelpersonen durch Quarantäne (Alte und kranke Menschen, Reiserückkehrer, Quarantäneverweigerer etc.), nächtliche Ausgangssperren sowie Gruppenisolationen (Familien, Schulklassen in Quarantäne) durchgeführt. Distanzunterricht und Home-Schooling von Kindern und Jugendlichen sowie Home-Office für die erwachsene Bevölkerung wurde angeordnet.

Es wurden Informationen eliminiert, die nicht mit den Aufforderungen des Corona-Regimes übereinstimmen. Es wurden Handlungen bestraft, die nicht mit der Einhaltung der Vorschriften vereinbar sind (Widerstand/Unabhängigkeit). Es erfolgte Zensur und Löschung von kritischen Beiträgen zur Corona-Pandemie in den Sozialen Medien (GAFA). Es wurde den Bürgern ein schlechtes Gewissen eingeredet (z. B. Kinder gefährden Alte und Eltern).

Die Verweigerung der Privatsphäre: Nur eine begrenzte Anzahl von Personen durfte sich im eigenen Haushalt aufhalten. Es folgte ein Sammelsurium von Einzelmaßnahmen wie Masken tragen, Abstand halten und die Durchführung von Ausgangssperren.

Stressmanipulation, wie die ständigen Wiederholungen und die Appelle zur Gefährlichkeit von SARS-CoV-2 (COVID-19), die Darstellung von Horrorszenarien (Hunderttausende Covid-Tote, Überlastung des Gesundheitssystems, das Verkünden der dritten Welle, das Durchführen von Lockdowns mit den daraus resultierenden Konsequenzen von Arbeitsplatzverlusten, Kurzarbeit und Insolvenzen).

Androhungen von Haft für Corona-Demonstranten und Bußgeldern sowie Wohnungskontrollen und Schulschließungen. Die soziale Ächtung durch die Mainstream-Medien von

Andersdenkenden (Covidioten, Verschwörungstheoretikern etc.).

Positive Haltung zu „Vorschriften schaffen" und „Konformität erzeugen" durch die teilweise Wiedereröffnung von Restaurants, Hotels, Sportstätten etc. sind „Zückerchen", die der Bevölkerung in Aussicht gestellt worden sind.

Brachiale Durchsetzung von Regeln (Maske, Abstand etc.) durch Polizei auch mit Gewaltanwendungen sowie die Verhängung von Bußgeldern durch Mitarbeiter der Ordnungsämter, die Auflösung und Beendigung von Anti-Corona-Demonstrationen (Montagsspaziergänge) mit Durchführung von Verhaftungen.

Durchsetzung der einrichtungsbezogenen Impfpflicht und die Planung einer allgemeinen Impfpflicht, die das Grundrecht auf Leben und körperliche Unversehrtheit verletzen.

Die Merkmale des 'Coronatans'

Diese erschreckenden, bedrückenden Maßnahmen, Methoden und Grundrechtsverletzungen nimmt ein Großteil der Bevölkerung hin und fügt sich diesen wie eine Lämmerherde. Welche Merkmale, Eigenschaften sind es nun, die dieses „Coronatanen-Verhalten" prägen?

Jeder ist zwar einzigartig und individuell, jedoch ist es möglich, Menschen aufgrund ihres Verhaltens, ihrer individuellen Art und Weise, zu denken und zu fühlen, ihrer spezifischen Art, mit Menschen und Situationen umzugehen, in Klassifikationsmodellen zu unterteilen. Mit wenigen Kategorien lässt sich die Vielfalt und Komplexität der Individualität des Menschen in eine einfache, systematische Ordnung bringen. Daher wird das Verhalten des „Coronatans" von mir in diese drei Merkmalkategorien unterteilt:

Kategorie „Autoritätshörigkeit"

Die Anordnungen von Autoritäten werden einfach akzeptiert, befolgt, umgesetzt und werden nicht hinterfragt, in Frage gestellt oder kritisiert. Es wird also nicht widersprochen. Häufig werden diese auch für unfehlbar gehalten, was sich durch das Anbiedern oder „gefallen wollen" an eine Autorität oder auch Regierung zeigt. Die Fans von Karl Lauterbach sind hier ein gutes Beispiel. Nicht wenige von ihnen sind anfällig für totalitäre oder autoritäre Ideen.

Kategorie 'Staatsgläubigkeit'

Der „Coronatan" hegt eine hohe Wertschätzung gegenüber der Regierung und den Corona-Eliten. Der Einsatz von Staatsgewalt in der „Pandemie" wird hingenommen, da der Staat als unfehlbare Autorität betrachtet wird. Er arrangiert sich mit der Dominanz der Regierung und leistet keinen Widerstand, egal, wie moralisch verwerflich oder falsch das Corona-Regime handelt oder dessen Gesetze (z. B. das Infektionsschutzgesetz) sind.

Kategorie „Gehorsamkeit"

Vorauseilender und blinder Gehorsam sind besondere Merkmale des „Coronatans" in der „Pandemie". Widerspruchsloses Unterordnen und Befehlsempfänger-sein gehen Hand in Hand. Die ständigen Änderungen von Verordnungen und Anordnungen werden kritiklos akzeptiert. Er wird zum Duckmäuser, der seine eigene Meinung nicht sagt, aus Angst, dass man ihn bestraft oder ausgrenzt. Somit lebt er im Widerspruch und schimpft auf die da „oben", aber stellt sie nicht in Frage und befolgt trotzdem alle Corona-Regeln.

Diese drei Hauptmerkmale führen letztendlich dazu, dass Mitläufer, Opportunisten und Konformisten entstehen, die mit ihrem Verhalten mit dazu beitragen, die „PCR-Test-Pandemie" weiter am Leben zu erhalten.

Ein Graffiti, was ich kürzlich in großen Lettern an prominenter Stelle in einer Großstadt im Ruhrgebiet gesehen habe, bringt es vielleicht noch pointierter als meine Analyse über das Verhalten des „Coronatans" auf den Punkt:

„Zieh die Maske auf, halt die Fresse, lass dich impfen und stirb langsam"!

In den Achtzigern zierten solche Sponti-Sprüche Hauswände, Unterführungen und Klos!

Die Frage nach den Ursachen für deutsche Obrigkeitshörigkeit und Untertanengeist

Die Ursache der besonderen deutschen Untertanengesinnung wurde schon vielfach analysiert und beschrieben. Heinrich Heine bringt es genau auf den Punkt:

„Der Deutsche gleicht dem Sklaven, der seinem Herrn gehorcht ohne Fessel, ohne Peitsche, durch das bloße Wort, ja durch einen Blick. Die Knechtschaft ist in ihm selbst, in seiner Seele; schlimmer als die materielle Sklaverei ist die spiritualisierte. Man muss die Deutschen von innen befreien, von außen hilft nichts." (Heinrich Heine: „Gedanken und Einfälle")

Wer mehr zum deutschen Untertanengeist lesen und vertiefen möchte, dem kann ich nur das Buch von Josef Kraus empfehlen: Der deutsche Untertan. Von der Entwöhnung des eigenen Denkens (2021). "Es ist so bequem, unmündig zu sein".

Er macht das berühmte Kant-Zitat zum Leitmotiv einer provokanten Anleitung zum Selberdenken. Es ist eine schonungslose Analyse des deutschen Untertanengeistes.

Zum Schluss möchte ich zur mentalen Erbauung für alle kritisch Denkenden, die sich nicht zu den deutschen „Coronatanen" zählen, einen Trost spenden:

„Menschen sind grob in drei Kategorien zu unterteilen: Die Wenigen, die dafür sorgen, dass etwas geschieht, die Vielen, die zuschauen, wie etwas geschieht und die überwältigende Mehrheit, die keine Ahnung hat, was überhaupt geschieht" (o. V.).

EPILOGUS

Fragen?

Licht, Licht am Ende des Tunnels;
Worte, nicht wichtig,
Konstruktionen des Ich´s,
verschleiern nur die Sicht,
sind doch Einheiten des Sein´s,
gehören zum Menschen,
doch wir müssen uns trennen vom Schein,
loslösen, schauen in eine Welt die realer ist als die unsere,
das bereitet Schmerzen, löst Veränderungen aus,
bestätigt unser momentanes Sein
und ist doch nicht gültig,
nur ein Schatten von „Wahrheit"
Konstruktion, nur Mensch-sein,
getrenntsein von uns selbst,
Einsamkeit und doch Möglichkeit zum Mensch-sein.
Endlich bereit sein,
im P r o z e s s dabei sein.

BN

Corona und Klima: Die psychologische Propaganda des polit-medialen Komplexes

30.06.2023

„Pandemie" und „Klimawandel" sind die zwei Seiten einer Medaille und nicht unabhängig voneinander zu betrachten. Ihre Prägestätte befindet sich im polit-medialen Komplex.

Die letzten drei Jahre waren stark geprägt durch die globale „Corona-Krise" mit ihren gravierenden gesellschaftlichen und gesundheitlichen Folgen und der globalen „Klimakrise" mit ihren massiven wirtschaftlichen und finanziellen Disruptionen. Es besteht aber immer noch in weiten Teilen der Gesellschaft die Hoffnung, dass wir eines Tages aus diesem Albtraum aufwachen und diese „Krisen", mit den bis vor kurzem noch bewährten politischen Instrumenten, bewältigen werden. Das könnte ein Trugschluss sein.

Bisher kamen die Freiheitsbedrohung und der Umbau der Gesellschaft in Deutschland „auf leisen Sohlen" daher. Das ist nun vorbei. Die verschärften Maßnahmen und Einschränkungen der Grundrechte zeigen sehr deutlich wo die Reise hingehen wird.

Aus psychologischer Sicht stellt sich daher die Frage: Warum akzeptieren große Teile der Bevölkerung diese massiven Einschränkungen der Grundrechte und restriktiven Maßnahmen und nehmen diese einfach so hin? Und wie konnte es dazu kommen, dass Hass und Hetze gegen „Corona- und Klimaleugnern" tsunamieartig bahnbricht?

Die Fragen zum „Wie und Warum", lassen sich gut mit dem Konzept der „psychologischen Propaganda" analysieren und erklären, die im Folgenden intensiver betrachtet wird.

Corona und Klima – die zwei Seiten einer Medaille

„Corona- Pandemie" und „Klimawandel" sind die zwei Seiten einer Medaille und nicht unabhängig voneinander zu betrachten. Sie gehören quasi untrennbar zusammen. Ihre Prägestätte befindet sich im polit-medialen Komplex, der wie ein im Auftrag des Staates handelnder Betrieb zu betrachten ist, der festlegt, was gesetzliches „Zahlungsmittel" ist.

Der polit-mediale Komplex spielt daher eine „tragende" Rolle. Er umfasst die sogenannten Leitmedien, auch Konzernmedien genannt und die politiknah finanzierten Medien, somit den öffentlich-rechtlichen Rundfunk. Die Akteure sind als Journalisten, Medienmacher und Politiker tätig, die sich gegenseitig „befruchten". Sie stellen eine Elite dar, die Meinungen und Positionen von Politik und Medien informell prägen und informell festlegen, was als vertretbare Position zu gelten hat. Es verwundert daher nicht, dass die konzernfreien Medien und eine nicht kleine Öffentlichkeit immer stärker gegen diese intellektuelle Inzucht opponieren.

Mit großer Wahrscheinlichkeit haben die Haupt-Protagonisten des sogenannten Klimawandels die Erkenntnisse, die sich aus der „Corona-Pandemie" in den letzten drei Jahren für die Propaganda und den Umgang mit dem „Klimanotstand" ergeben haben, aufmerksam registriert, da diese Erkenntnisse mehr als deutlich als Blaupause aktuell genutzt werden. Die beunruhigenden Gemeinsamkeiten der „Corona-Klima-Medaille" werden nachfolgend kurz skizziert dargestellt sowie die Muster, Mechanismen und Methoden der Propaganda.

Psychologie der Propaganda

Psychologie der Propaganda gibt es in allen Lebensbereichen. Man kann sie empirisch oder wissenschaftlich-systematisch betreiben. Sie ist integrierender Bestandteil in der Wirtschaft und Politik. Im grünen Sozialismus ist sie das Mittel der politischen Führung und muss daher permanent und professionell eingesetzt werden. Damit wird die Psychologie zur Dienerin der Macht des Regimes. Edward L. Bernays gilt als Vater der Propaganda. Der Neffe Sigmund Freuds versuchte mithilfe der Tiefenpsychologie seines Onkels, die US-Gesellschaft zu manipulieren. Sein Klassiker „Propaganda" von 1923 gehörte zur bevorzugten Lektüre von Joseph Goebbels. Nachdem im Nationalsozialismus der Begriff Propaganda in Verruf gebracht wurde, benannte Bernays ihn in „Public Relations" um.

Ein probates Analyseinstrument zur Verdeutlichung der psychologischen Propaganda ist die Methodik der psychologischen Kriegsführung. Feindbilder und Propaganda begleiten üblicherweise Konflikte und Kriege. Die Strategie der psychologischen Kriegsführung bezeichnet im Militärwesen und in der Kriegsführung alle Methoden und Maßnahmen zur Beeinflussung des Verhaltens und der Einstellungen von gegnerischen Streitkräften sowie Zivilbevölkerungen.

Die wesentlichen Ziele psychologischer Propaganda der Regierenden in der „Corona-Klima-Krise" könnten daher hypothetisch betrachtet darin bestehen,

- den Willen und die Fähigkeit des „Inneren Feindes" zum Kampf und Widerstand zu zerstören (psychologische Destabilisierung),
- den politischen Gegner von seinen „Verbündeten" und von den unterstützenden Netzwerken abzuschneiden (Isolation),
- den Willen zur Durchsetzung der beiden Hauptziele bei den eigenen Unterstützern und „Verbündeten" zu

stärken sowie Rückhalt in der eigenen Bevölkerung zu erzeugen.

'Information Warfare' als Propagandainstrument

Ein zentrales Element solcher Strategien ist die manipulative Nutzung der jeweils aktuellen Mainstream-Medien bis hin zur neuesten Informations- und Kommunikationstechnik, auch „Information Warfare" genannt.

„Information Warfare" ist ein Teilbereich der psychologischen Kriegsführung und somit ein Aspekt der psychologischen Propaganda. Unter Information Warfare versteht man jegliche Aktivität, Informationen des Gegners auszuwerten, zu bestreiten, zu verfälschen oder zu zerstören, während die eigenen Informationen gegen ähnlich Maßnahmen geschützt werden.

Eine besondere Bedeutung kommt letztlich in der „Corona-Klima-Krise" den Mainstream Medien zu, da es nur ihnen möglich ist, möglichst breite Wirkung in der jeweiligen Öffentlichkeit zu erzielen. Sie ermöglichen es,

- die Menschen an der sogenannten „Corona-Klima-Front" zu erreichen und deren Haltung positiv zum repressiven Maßnahmeneinsatz zu beeinflussen,
- Desinformation für einen längeren Zeitraum, zumindest für einen kurzen entscheidenden Zeitpunkt breit zu streuen. Narrative wie „SarsCov2 Killervirus und Co2 Klimakiller seien hier beispielhaft genannt,
- die Kampffaszination beispielhaft gegen das Corona-Virus mit Mitteln der Personalisierung durch Heldenverehrung (z. B. Ärzte, Pfleger auf den Intensivstationen) und der Schwarz-Weiß-Malerei (Nur die Impfung besiegt die „Pandemie"), dem Denken in Gut-Böse-Kategorien (Geimpfte vs. Ungeimpfte) zu erhöhen,

- Parolen und Propagandaschlagwörter wie Klima-krise, Klimakatastrophe, Hitzetod, Kleben fürs Klima, Gletscher schmelzen, der Meeresspiegel steigt an, Ozeane versauern, Böden versalzen, Grundwasser-spiegel sinken, Wüstengebiete breiten sich aus und die Artenvielfalt schwindet, sind Auswüchse des Kli-mawandels, die bekämpft werden müssen.

Eine weitere wichtige Methode in dem Zusammenhang be-steht in der systematischen Erfassung und Analyse der Ziel-gruppe. Hierher gehört beispielsweise die Analyse der „Feind-presse" wie z. B. Boris Reitschuster, Achgut, die Befragung von „Überläufern", „Spionageeinsätze" von verdeckten Ermittlern, sowie das Abhören offizieller und privater Kommunikation auf Seiten des Gegners (Innere Feinde).

Manipulationsmacht per Gesetz

Eine weitere historisch „bewährte Methode" Menschen in „die richtige Richtung" zu bewegen, ist die Anwendung von struktureller Gewalt. Diese Gewaltform geht nicht von einzel-nen Personen aus, sondern ist die Folge von gesellschaftlichen Bedingungen und von Gesetzen und Verordnungen, die auf den ersten Blick als legitim erscheinen.

Während der „Corona- Pandemie" legitimierten folgende Gesetze und Verordnungen, die Durchsetzung repressiver Maßnahmenebenen:

- Das Gesetz zur Änderung des Infektionsschutzgeset-zes
- Die „epidemische Notlage von nationaler Tragweite"
- Das BGH-Urteil, dass der Schutz von Leben und Ge-sundheit auch einschneidende Corona-Maßnahmen des Staats rechtfertigt
- Das Netzwerkdurchsuchungsgesetz zielt darauf, „Hasskriminalität, strafbare Falschnachrichten und

andere strafbare Inhalte auf den Plattformen sozialer Netzwerke zu bekämpfen"

- Die WHO forciert derzeit ein Abkommen zur „Pandemieprävention, -vorsorge und -reaktion"

In der „Klima- Krise" legitimieren folgende Gesetze und Verordnungen die sogenannte Transformation der Gesellschaft:

- Treibende Kraft der Transformation der Gesellschaft sind politische Vorgaben wie zum Beispiel der Green Deal der EU, mit dem die Union bis 2050 ihren CO_2-Ausstoß auf null bringen soll
- Die Unternehmen spüren den politischen Druck vor allem durch die sogenannten ESG-Vorgaben (Environmental, Social, Governance)
- Finanzindustrie und Politik ganz eng: Der Hebel mit dem die Transformation der Unternehmenswelt durchgesetzt wird, ist Geld. 70 Prozent aller Investitionen in Europa werden über Kredite finanziert
- Die globale Agenda 2030 mit ihren 17 Zielen für nachhaltige Entwicklung (Sustainable DevelopmentGoals) Dazu kommen noch das Gesetz zum Klimaschutz, das Heizungsgesetz, das Gebäudeenergiegesetz und weitere Gesetze und Verordnungen in Deutschland zum Tragen.

Psychologie der Massen

Noch effektiver aber als Gesetze und Verordnungen zur Einstellungs- und Verhaltensänderung der Bevölkerung wie sie im Vorfeld dargestellt worden sind, ist für den Begründer der Massenpsychologie Gustave Le Bon (1895). Er schrieb: „Die Kenntnis der Psychologie der Massen ist heute das letzte Hilfsmittel für den Staatsmann, der diese nicht etwa beherrschen – das ist zu schwierig geworden – aber wenigstens nicht allzu sehr von ihnen beherrscht werden will. Die Massenpsychologie zeigt, wie außerordentlich wenig Einfluss Gesetze und Einrichtungen auf die ursprüngliche Natur der Massen haben und wie unfähig diese sind, Meinungen zu haben außer jenen, die ihnen eingeflößt wurden; Regeln, welche auf rein begrifflichem Ermessen beruhen, vermögen sie nicht zu leiten. Nur die Eindrücke, die man in ihre Seele pflanzt, können sie verführen."

Für ihn war somit ein Programm verfügbar, dass mit Mitteln der Propaganda sich die „Ordnung" der Gesellschaft wiederherstellen ließ. Dazu mussten nur die Massen so manipuliert werden, dass sie sich dem Willen der Eliten fügten. Womit wir dann wieder in der Jetztzeit wären!

Da ca. 80 bis 90 Prozent der Menschen in Deutschland mathematisch-naturwissenschaftliche strukturelle Analphabeten sind, haben die Eliten ein besonders leichtes Spiel ihre Narrative „SarsCov2 Killervirus und Co2 Klimakiller" zu „verkaufen". Viele verhalten sich dann wie sprachbegabte Papageien, die das nachplappern was man ihnen mit Parolen und Propagandaschlagwörtern vorsagt, ohne zu verstehen, was diese inhaltlich bedeuten oder wer hinter diesen Beeinflussungen steht.

Psychologische Effekte der psychologischen Propaganda

Mit der durchgeführten Analyse zur psychologischen Propaganda ist deutlich geworden, dass das Hauptziel der Maßnahmen zur Gehirnwäsche der Bevölkerung in der „Corona-Klima-Krise" der „Mentizid" (Joost Meerloo, 1956) ist. Mentizid bedeutet die Abtötung des eigenen Verstandes. Dies geschieht durch ein organisiertes System – wie hier die psychologische Propaganda – aus psychologischer Intervention und Missbrauch von Maßnahmen der Regierenden, durch das der Bevölkerung die gewünschte Konformität und Gehorsam aufgezwungen werden kann.

Manche Menschen regredieren dabei mit einer Reaktion aus Angst und Panik auf eine frühere Stufe ihrer Persönlichkeitsentwicklung und verhalten sich wie Kinder. Diese Angst und

Panik finden ebenso ihren paradoxen Ausdruck in Gleichgültigkeit und Apathie.

Viele Personen werden passiv, andere reagieren mit massiven Angstsymptomen, wiederum andere mit psychosomatischen Symptomen. Durch häufige Themenwechsel in der „Corona-Klima-Krise" und das Verwenden von Angst als Basisemotion wird die Konditionierung der Menschen aufrechterhalten und vertieft. Der polit-mediale Komplex mit seiner Propagandamacht spielt daher eine „tragende" Rolle.

Mit dem Einsatz der sogenannten indirekten Manipulation ist ein klarer Vorteil gegeben: Die Manipulatoren treten nicht direkt auf und müssen somit auch nicht ihre Ziele offenlegen. Ein kontinuierlicher Prozess kann somit auf die Bevölkerung übertragen werden, indem latent Parolen und Propagandaschlagwörter wiederholt werden. Diese Vorgehensweise ist „hervorragend" geeignet, die draus resultierenden quasi festgefügten Muster in den neuronalen Strukturen der Menschen zu manifestieren.

EPILOGUS

The heat is on

Corona und Spritze,
Klima und Hitze,
Krieg und Haubitze;
es zählt nur der „Sieg",
eine Elite die sich verstieg,
Massen zu manipulieren,
zu domestizieren,
Ängste zu erzeugen,
den Druck zu variieren,
die Hirne zu zementieren,
den Menschen zu beugen,
Gehorsam und Konformität sind die Zeugen;
der Druck steigt, es wird brenzlig,
viele laufen vor sich selbst davon,
in`s Flammenmeer der Unfreiheit,
the heat is on!

BN

Gesellschaftliche Kollateralschäden

Durch Deutschland geht ein Riss
Spaltung als politisches Mittel

25. Dezember 2021

Scholz & Co. betonen immer wieder, es gibt keine Spaltung in Deutschland und tun dabei vieles, um den Riss in der Gesellschaft noch größer zu machen. Eine verdrehte Realität.

Der neue Bundeskanzler Olaf Scholz lebt, wie es scheint, in einer anderen Welt: Er behauptet fast täglich, die deutsche Gesellschaft sei „nicht gespalten". Es handele sich lediglich um eine „Minderheit", die mehr oder weniger lärmenden Widerstand übe. Gleichzeitig betont er, dass er „auch Kanzler der Ungeimpften" sei. Die Aussage legt nahe, dass es um den Zusammenhalt der deutschen Gesellschaft doch nicht so gut steht.

Die Spaltung in eine erschöpfte, verunsicherte Mehrheit und eine Widerstand leistende Minderheit ist besonders heikel, weil der zivilisierte Umgang zwischen Mehrheit und Minderheit den Kern unserer „Demokratie" berührt. Natürlich bringt das eine Spaltung mit sich, je länger, umso tiefer. Jeder klar Denkende weiß: Eine Spaltung ist der Riss durch ein Ganzes, das deswegen kaum noch reparabel ist. Der Riss, der jetzt durch Deutschland geht, wird durch Spaltung als politisches Mittel forciert werden.

Es wird immer wieder behauptet, die deutsche Gesellschaft sei nicht in der Mitte gespalten, also hälftig, aber sie läge bei der Linie von 75 Prozent gegen 25 Prozent, vielleicht auch bei 80 Prozent gegen 20 Prozent. Befragungen zur „Corona-Impfung" zeichnen ein anderes Bild. In etwa vierzig Prozent der vollständig geimpften Personen sind „geimpfte Corona-Impfskeptiker", die weder aus Angst vor dem Virus noch wegen der vermeintlichen Wirksamkeit des „Impfstoffes" sich haben „impfen" lassen, sondern weil sie ihr „altes Leben zurück" haben wollten und nun bitter enttäuscht sind, dass diese Annahme nicht eingetroffen ist. Insbesondere die jungen Leute hatten auf „Normalität" gehofft.

Fasst man die Gruppe der „Corona-Impfskeptiker" und die der „geimpften Corona-Impfskeptiker" zusammen und stellt sie der Gruppe der „geimpften Corona-Impfenthusiasten" gegenüber, zeigt sich, dass die deutsche Gesellschaft in der Mitte gespalten ist, also doch hälftig.

Mehr als fünfzehn Millionen erwachsene Ungeimpfte in Deutschland mit weiträumigen 2G-Regeln, die sie von großen Teilen des öffentlichen Lebens ausschließen, unter Druck zu setzen, ist mehr als bedenklich, und im höchsten Grade spalterisch. Diese Regeln gelten unbefristet. Mögliche Lockerungen werden – anders als bislang – nicht in Aussicht gestellt und auch nicht an das Erreichen bestimmter Ziele geknüpft, zum Beispiel an eine Impfquote von 80 Prozent oder an das dauerhafte Unterschreiten einer gewissen Inzidenzzahl.

Olaf Scholz versucht gar nicht erst, Corona-Impfskeptiker zu überzeugen. Er verlässt sich auf ihren Obrigkeitsglauben. „Wir sind ein Land, in dem sich die allermeisten an die Gesetze halten. Wir halten vor roten Ampeln an. Wir achten die Verkehrsregeln. Nicht, weil uns überall gleich die Polizei kontrolliert. Sondern weil es zu unserer Natur gehört, dass wir uns an solche Regeln halten."

Die Farce von Scholz

Seine Aussage verkommt allerdings zur Farce. Denn schon wenige Zeilen weiter droht der Kanzler den Menschen mit einer verfassungsrechtlich fragwürdigen allgemeinen Impfpflicht, die er im Wahlkampf noch ausgeschlossen hatte.

Er hätte auch sagen können: „Wir schaffen das." Scholz sieht sich in der Kontinuität von Angela Merkel, die 2015 Deutschland durch die unkontrollierte Einwanderung nachhaltig gespalten hat. Aber die Raute kann auch täuschen: Wenn diese Regierung ernst macht, wird sich das Land verändern. Denn es gibt für Scholz keine „rote Linien mehr":

„Wir werden alles tun, was erforderlich ist. Wir werden weitere Schritte gehen, die leider auch jene Bürgerinnen und Bürger treffen, die bisher alles richtig gemacht haben und zweimal, oftmals sogar bereits dreimal geimpft sind. Aber ich betone das hier ausdrücklich noch mal: Für meine Regierung gibt es keine roten Linien mehr bei dem, war zu tun ist. Es gibt nichts, was wir ausschließen."

Was aber werden Scholz und sein „kongenialer" Gesundheitsminister Karl Lauterbach nun als nächste „Corona-Maßnahme" einleiten – die unsere Gesellschaft noch weiter und tiefer spalten könnte? Vor allem die neue Virusvariante Omikron ruft bei ihnen „Sorgen" hervor, da sie womöglich noch ansteckender als die derzeit dominierende Delta-Variante sei. Das neue „Expertenteam" erwartet eine schnelle Ausbreitung des Virus in Deutschland. Wegen Omikron hat das Robert Koch-Institut (RKI) seine Risikobewertung verschärft. Genesene und doppelt Geimpfte gelten nun als hoch gefährdet. Mit dem Booster sinkt angeblich das Risiko einer Infektion aber wieder!

Was aber werden die Politiker und insbesondere Scholz und Lauterbach machen? Sie werden weiter vor einer Spaltung der Gesellschaft warnen und sie doch weiter forcieren. Aber nur gemeinsam könne man die Krise überwinden, werden sie in schönster Einigkeit versichern.

Keine Rückgabe der Allmacht geplant

Was sie aber meinen, ist etwas ganz anderes: Sie wollen ihre Allmacht nicht preisgeben, an die sie sich in der Corona-Krise gewöhnt haben. Bund und Länder verhärten jetzt schon die

Einschränkungs-Maßnahmen massiv. Werden sie wieder Schulen und Geschäfte schließen? Werden sie wieder Sperrstunden verhängen, Reisende in Quarantäne schicken oder die willkürliche Verringerung des Bewegungsradius auf wenige Kilometer einführen bzw. nächtliche Ausgangssperre und eine Beschränkung von Kontakten auf eine Person einführen?

Was aber viel gravierender sein wird, ist die „Dauerschleife" „Blocken, Bremsen und Boostern", die zu keinem Ende kommen wird. Der doppelt Geimpfte wird zum Ungeimpften und der nicht nach drei Monaten Geboosterte wird dann auch wieder zum Ungeimpften und so weiter und sofort. Mit dieser „Impfstrategie" zur Immunisierung der Gesellschaft werden wir zu „Impf-Lemmingen" degenerieren, deren natürliches Immunsystem massiv beeinträchtigt wird.

Und was wird danach kommen: Impfpflicht für alle? Ist so gut wie durch! Aufbau eines Impfregisters? Wird aktuell von „Experten" geprüft. Impfzwang? Wird kategorisch ausgeschlossen. Zitat von Jens Spahn dazu: „Ich habe das Bild schon vor Augen, wie wir Sahra Wagenknecht dann mit der Landespolizei zum Impfen schleppen. Das ist absurd (…)." Warten wir es ab!

Die „übergriffigen" Maßnahmen in der „Corona-Pandemie" werden durch fragwürdige Gesetze, Urteile und Verordnungen legitimiert wie z. B. das Gesetz zum Infektionsschutz, die „epidemische Notlage von nationaler Tragweite" und das BGH-Urteil, dass der Schutz von Leben und Gesundheit auch einschneidende Corona-Maßnahmen des Staats rechtfertigt.

Dieser Maßnahmenstaat orientiert sich zwar oberflächlich an diesen fragwürdigen Rechten, ist aber fast ausschließlich an Überlegungen der situativ-politischen Zweckmäßigkeit ausgerichtet. Entscheidungen werden „nach Lage der Sache" getroffen. In diesem Sektor „fehlen die Normen und herrschen die Maßnahmen".

Es ist durchaus möglich, dass auch solche Gesetze und die abgeleiteten Maßnahmen totalitäre Entwicklungen beschleunigen, die unabsichtlich bzw. unwissentlich auch in Deutschland ablaufen könnten. Die Mitgliedschaft im regierenden Apparat kann dann bei Funktionsträgern zu der gefährlichen Versuchung führen, lange unterdrückte Gefühle von Allmacht zu aktivieren. Eine Führungsperson zu sein, viel Macht zu haben und verantwortlich zu sein für das Leben anderer Menschen, ist ein gewaltiger Test für die menschliche Psyche. Jede Form von Führung ohne effektive Kontrolle kann sich dann nach und nach in eine „Corona-Diktatur" entwickeln.

Alarmist und Panikmacher

Dieser Verantwortung müssen sich vor allem Kanzler Olaf Scholz, für den es keine „rote Linien mehr" gibt und der mit dieser Aussage eine weitere Spaltung hervorruft sowie seinen Minister Karl Lauterbach, der bisher in der „Corona-Pandemie" als Alarmist und Panikmacher aufgetreten ist und Horror-Szenarien an die Wand gemalt hat, von denen keines eingetreten ist, die aber zur weiteren Spaltung des Landes signifikant beigetragen haben, bewusst sein und stellen.

In einer demokratischen Regierung verlangen diejenigen, die in verantwortliche Positionen gewählt wurden, Kontrollen und Einschränkungen für sich selber, wissend, dass niemand ohne Fehler ist. Demokratie verlangt eine hohe Wachheit und geistige Aktivität ihrer Mitglieder. Jede Eigenschaft in uns und in unserem Führungspersonal, die auf passive Unterwerfung hindeutet, gefährdet demokratische Freiheiten.

Demokratie ist die Basis der Würde des Menschen und das Recht, selbst zu denken, das Recht auf eine eigene Meinung, mehr noch, das Recht, die eigene Meinung auch ausdrücklich geltend zu machen und sich gegen das Eindringen in seine Psyche und psychischen und physischen Zwang zu schützen.

Daher sollte in einer demokratischen Gesellschaft jederzeit zu persönlicher und kollektiver Selbstkritik aufgefordert werden. Die Einigung über das, worüber wir uns uneinig sind, ist der erste Schritt für das tatsächliche Verstehen. Dann könnte der Riss, der jetzt durch Deutschland geht, zumindest in Teilen geheilt werden, ohne dass die Spaltung der Gesellschaft als politisches Mittel zum Einsatz kommt.

Ob diese Einsichtsfähigkeit und der Wille dazu bei den regierenden „Ampelmännchen" vorhanden ist, muss allerdings stark bezweifelt werden.

Daher möchte ich gerne noch für all jene, die weiterhin mit wachem und kritischem Geist dem „kollektiven Wahnsinn" Paroli bieten, möchte ich mit Chaim Noll schließen, der das 2. Buch Mose 23,2 zitiert und dazu so treffend weiter ausführt: „Der jahrtausendealte Satz ‚Folge nicht der Mehrheit zum Bösen' hat seine Gültigkeit nie verloren. Es gibt keine Verpflichtung, der Mehrheit zu folgen. Sie kann in die Irre gehen. Dann zählen die wenigen, die den Mut hatten, einen anderen Weg einzuschlagen."

„Ich erinnere daran in Tagen, in denen eine – oft nur dreist proklamierte – Mehrheit zum Fetisch erhoben wird und Abweichler, Andersdenkende, alle Arten ‚Verweigerer' und ‚Leugner' der Mehrheitsmeinung von Delegitimierung, Denunziation, Ausgrenzung und Verfolgung betroffen sind. Gerade in solchen Tagen sollte man der Mehrheit nicht folgen. Sondern die uralte Weisheit beherzigen, dass es sich oft außerhalb der Mehrheit besser leben lässt. Trotz aller Nachteile, aller Drohungen und Gefahren. Sie sind nicht von Dauer. Wie auch die Mehrheit nicht." (Achgut, 17.11.2021).

EPILOGUS

Geliebte Wissenschaft

Geliebte Wissenschaft,
Dein Wissen schafft,
den Menschen, den Du hast hervorgebracht.

Einst hoch gepriesen,
jetzt am Ende.
Wer bringt die Wende?

Neue Werte schaffen,
wirst Du uns verlachen?

Doch Du bist kein Ding das lacht,
es ist der Mensch der Dich gemacht.

Jetzt fällt das „DU",
denn Du Wissenschaft bist der Mensch,
der Dich entworfen hat.

„Du" Mensch musst Dich bekennen zu dem
was Du erschaffen hast.
Hast als Eile ist nun angebracht,
den Trend zu wenden,
den Du hast hervorgebracht.

BN

Seelische Spaltung und ihre Folgen in der „Corona-Pandemie".
Reaktion auf ein kritisches Lebensereignis

06. Februar 2022

Bei extrem hohen Belastungen, wie denen in der Corona-Pandemie, schaltet die menschliche Psyche archaische Schutzmechanismen ein. Einer davon ist Spaltungsabwehr. Durch ein infantiles Gut-Böse-Schema werden Relativierungen und Zweifel erfolgreich abgespalten und Gefühle auf die notwendigen reduziert.

Die gesellschaftliche Spaltung in der „Corona-Pandemie" ist vor allem ein Thema der Politik und der Medien. Dass die Spaltung unseres Landes mit politischen Mitteln forciert wird, ist unbestritten evident. Aber dieses Thema hat auch eine psychologische Seite: Wie wirkt gesellschaftliche Spaltung auf den einzelnen Menschen, wie verarbeitet er sie, gerade in der „Corona-Pandemie"?

Es geht hier um Spaltungen der „Seele", einen Begriff aus der Psychoanalyse. Jeder Mensch kann Spaltungsprozesse an sich selbst beobachten. Wenn eine Situation für uns emotional schwierig wird, reduzieren wir unsere Gefühle; wir spalten sie ab. Dieser nützliche Selbsthilfeakt der Psyche kann bei Traumatisierungen vor allem in der frühen Kindheit zu tiefen und dauerhaften Spaltungen der Persönlichkeit führen.

Es ist ein Abwehrmechanismus, ein sehr archaischer, unbewusster, der oft bei schweren psychischen Störungen feststellbar ist. Spaltung kann aber auch hilfreich sein. Das Ich schützt sich damit vor den Zumutungen einer komplizierten, konflikthaften Umwelt. Die durch Spaltungen erreichte seelische Balance bewahrt den Menschen dann vor einem psychischen Zusammenbruch. Durch Spaltungsvorgänge wird vermieden, dass emotional miteinander unvereinbare Inhalte zusammentreffen. Die Inhalte bleiben – anders als im Fall der Verdrängung – bewusstseinsnah.

Angewandt auf die gesamte deutsche Gesellschaft in der „Corona-Pandemie" kann man von auch von sozialpsychologischen Spaltungsmechanismen sprechen. Die vielfältigen Diffamierungen, Stigmatisierungen und Etikettierungen der „Corona-Skeptiker" sind Erfahrungen, die es abzuspalten gilt. Der überzeugte „Corona-Impfenthusiast" rechtfertigt seine Diffamierung, Stigmatisierung und Etikettierung des „Corona-Impfskeptikers" und Ungeimpften mit der festen Annahme, einem bösen Feind gegenüberzustehen. Durch ein infantiles Gut-Böse-Schema spaltet er Relativierungen und Zweifel erfolgreich ab. Bei den „Corona-Skeptikern" heißt es: Hier herrscht eine Corona-Diktatur, vergleichbar mit dem Dritten Reich. Projektive Externalisierungen also auf beiden Seiten. Die jeweils eigene Verstrickung wird ausgeblendet. Beiden Seiten hilft die Blockkonfrontation, die Aufteilung der Welt in Gut und Böse und die Sicherheit, auf der jeweils guten Seite zu stehen.

Der kritische Blick auf gesellschaftliche und politische Zusammenhänge gehört zum Selbstverständnis von Bürgern in Demokratien. Daher überrascht es umso mehr, wenn dieses Selbstverständnis den Menschen mit kritischer Haltung zu den aktuellen und geplanten Maßnahmen in der „Corona-Pandemie" abgesprochen und sogar bekämpft wird von Medien, Politik, Wirtschaft und anderer gesellschaftlicher Gruppen. Gerade jetzt in der „Corona-Pandemie" lassen sich immer mehr Wissenschaftler politisch instrumentalisieren, kritische Bürger mit fragwürdigen methodischen Verfahren zu stigmatisieren – aus welchen Gründen auch immer. Das gilt auch für Teile der Psychologie.

Politisch instrumentalisierte Wissenschaft als 'Spaltpilz'

„In der gegenwärtigen Krise bleiben die Psychologen auffällig schweigsam", lautet das Eingangsstatement des Psychologen Michael Ley in seinem profunden Artikel „Therapeutische Reinräume: Über das Schweigen der Psychologen (M. Ley & C. Vierboom, 2021)" zur Rolle der Psychologen in der „Corona-Pandemie". Er verweist weiter darauf, dass sie in der Vergangenheit keineswegs unpolitisch waren. Der kritische Blick auf gesellschaftliche und politische Zusammenhänge gehörte zum Selbstverständnis der Psychologen dazu. Es gab in der Vergangenheit Gruppierungen innerhalb der Psychologie, die sich sogar ausdrücklich zu einer „Kritischen Psychologie" bekannten. „Psychologen haben sich nie darauf beschränkt, bloß individuelle psychische Leiden zu therapieren. Sie haben die seelischen Probleme der Menschen immer auch in den Zusammenhang gesellschaftlicher Verhältnisse gesetzt und sich ermächtigt gesehen, dazu kritisch Stellung zu nehmen."

Und wie agieren sie stattdessen in der „Corona-Krise"? „Sie spekulieren allenfalls über das Charakterprofil der angeblichen Verschwörungstheoretiker und psychiatrisieren damit diejenigen, die vielleicht noch am ehesten spüren, dass an den herrschenden ‚Narrativen' etwas nicht stimmen kann", so die pointierte Aussage von Michael Ley.

Ein prominentes Beispiel dafür ist Peter Kirsch, Professor für Klinische Psychologie an der Medizinischen Fakultät Mannheim der Universität Heidelberg. Mit zwei weiteren Professoren der Rechts- und Politikwissenschaft hat er im Forschungsmagazin der Universität Heidelberg unter dem Titel „Selbstermächtigung. Spaltung der Gesellschaft durch Misstrauen" (Peter Kirsch, Hanno Kube & Reimut Zohlnhöfer) seine psychologischen Untersuchungen zur Selbstermächtigung publiziert.

Die gesellschaftliche Selbstermächtigung wird hier als ein Thema unserer Zeit beschrieben, das nicht unerheblich zur

Spaltung unserer Gesellschaft beitragen kann. Gemeint ist damit ein Phänomen, dass Menschen aus idealistischen, politischen oder ethischen Motiven rechtliche oder auch soziale Regeln des Zusammenlebens überschreiten. An dieser Stelle möchte ich einige Abschnitte zu den psychologischen Untersuchungsbefunden zitieren, die selbstredend sind:

Betrachtet man in der Person liegende Ursachen für die Selbstermächtigung, so kann festgestellt werden, dass es kein einheitliches Persönlichkeitsmuster gibt, das selbstermächtigendem Verhalten zu Grunde liegt. Dies liegt nicht zuletzt auch daran, dass unterschiedliche Formen der Selbstermächtigung von ganz unterschiedlichen Menschen für zulässig gehalten werden.

Deutlichere Zusammenhänge haben wir aber mit einem Merkmal gefunden, das gut zu dem aktuellen Diskurs passt und ein Treiber der gesellschaftlichen Spaltung zu sein scheint, der sogenannten Verschwörungsmentalität. Unter Verschwörungsmentalität versteht man ein über die Zeit und Situationen hinweg stabiles Überzeugungssystem, das Menschen besonders empfänglich dafür macht, Ereignisse auf geheime Verschwörungen zurückzuführen. Je höher bei unseren Probanden diese Verschwörungsmentalität ausgeprägt war, umso weniger wahrscheinlich war es, dass sie die Corona-Maßnahmen akzeptierten. Besonders deutlich ausgeprägt war dieser Zusammenhang bei der Impfbereitschaft, die bei Menschen mit einer stark vorhandenen Verschwörungsmentalität erheblich geringer war.

Das eigentlich Befremdliche solch einer fragwürdigen politisch instrumentalisierten Methodik ist die Aussage „An dieser Stelle ist der Hinweis wichtig, dass die berichteten Zusammenhänge rein korrelativer Art sind. Aussagen über einen Wirkzusammenhang von Verschwörungsmentalität und Selbstermächtigung beziehungsweise Akzeptanz der Corona-Maßnahmen lassen sich daraus nicht ableiten."

Es wird einfach behauptet, dass Corona-Skeptiker und Impfskeptiker eine Verschwörungsmentalität haben, auch wenn kein kausaler Zusammenhang sich daraus herleiten lässt. Die Absicht solcher Vorgehensweisen ist bekannt – es wird schon etwas hängen bleiben – eine häufig angewandte Methode der Manipulation!

Am Beispiel des Psychologieprofessors Kirsch, der mit den Interpretationen der Ergebnisse seiner Studie fast zum „Spaltpilz" mutiert, wird nicht nur eine Tendenz zur gesellschaftlichen Spaltung deutlich, sondern auch ein seelischer Spaltungsprozess, wie er die Aufteilung der Welt in Gut und Böse vornimmt und die Sicherheit verspürt, auf der guten Seite zu stehen.

Selbstermächtigung als eine wichtige Fähigkeit für persönliche Autonomie

Dabei bedeutet „Selbstermächtigung" im psychosozialen Sinne etwas völlig anderes als die oben erwähnte Definition der drei „Herren Professoren".

Selbstermächtigung, auch Empowerment genannt, ist eine wichtige Fähigkeit für persönliche Autonomie. Für den Soziologieprofessor Norbert Herriger (Empowerment in der Sozialen Arbeit, 2020) ist „Empowerment (…) ein ressourcenorientiertes Konzept der psychosozialen Arbeit, das die Stärken der Menschen bei der Bewältigung von kritischen Lebensereignissen in den Mittelpunkt stellt".

Das bedeutet „die aktive Aneignung von Macht, Kraft, Ge-staltungsvermögen durch die von Machtlosigkeit und Ohnmacht Betroffenen selbst. Empowerment wird hier als ein Prozess der Selbst-Be-mächtigung und der Selbst-Aneignung von Lebenskräften beschrieben: Menschen verlassen das Gehäuse der Abhängigkeit und der Bevormundung. Sie befreien sich in eigener Kraft aus einer Position der Ohnmacht und werden zu aktiv handelnden Akteuren, die ein Mehr an Selbstbestimmung, Autonomie und Lebensregie erstreiten."

Empowerment bezeichnet hier also einen selbstinitiierten und eigengesteuerten Prozess der (Wieder-)Herstellung von Selbstbestimmung in der Gestaltung des eigenen Lebens. Diese Definition betont somit den Aspekt der Selbsthilfe und der aktiven Selbstorganisation der Betroffenen. Sie findet sich vor allem im Kontext von Projekten und Initiativen, die in der Tradition der Bürgerrechtsbewegung und der Selbsthilfe-Bewegung stehen."

Durch die Stärkung unseres Gestaltungswillens, durch Wertschätzung und Anerkennung ist es also möglich, sich seiner Umwelt weniger ausgesetzt zu fühlen und den Mut für ein offensives Sich-Einmischen zu sammeln. Mit mehr Selbstverantwortung lässt man sich weniger manipulieren und entwickelt neue Strategien, eigene Wege zu gehen. Es ist ein Beitrag, bei dem nicht nur jeder Einzelne, sondern auch das Wohl aller anderen gestärkt werden kann, und er ist somit kein Mittel zur gesellschaftlichen Spaltung.

Spaltung und Selbstermächtigung zwei Seiten der Medaille

Spaltung und Selbstermächtigung sind daher zwei Seiten einer Medaille. Die eine Seite ist die Spaltung, die auf zwei Ebenen stattfindet – einmal auf der gesellschaftlichen Ebene und auf der individuellen psychischen Ebene. Beide „Spaltungsmechanismen" stehen in einer Wechselwirkung zueinander und bedingen sich somit gegenseitig.

Die andere Seite der Medaille ist die Selbstermächtigung als eine wichtige Fähigkeit für persönliche Autonomie. Das Ergreifen der Initiative von selbstermächtigten und selbstverantwortlichen Menschen mit kritischem Blick auf gesellschaftliche und politische Zusammenhänge, gerade in der „Corona-Pande-mie", kann zu einer verstärkten Demokratisierung der Gesellschaft führen.

Angesichts der Zunahme von autoritären Politikstilen in der „Corona-Pandemie" liefert die Analyse der Symbiose von Spaltung und Selbstermächtigung unzweifelhaft einen wichtigen Beitrag zur Debatte, wie den sich zurzeit entwickelten totalitären Tendenzen sinnvoll und zielgerichtet begegnet werden kann. Der Fokus dieses Artikels bezieht sich u. a. auf die Rolle, die Spaltungserfahrungen bei der Herausbildung extremistischer Denkmuster und Persönlichkeitsstrukturen spielen.

Daher möchte ich zum Abschluss den Psychologen Rainer Mausfeld aus seinem Buch: „Warum schweigen die Lämmer?" zitieren:

„Besonders die sogenannten gebildeten Schichten sind anfällig für die Illusion des Informiertseins. Diese Schichten sind aus naheliegenden Gründen in besonderem Grade durch die jeweils herrschende Ideologie indoktriniert – das war im Nationalsozialismus nicht anders als heute; sie sind durch ihre schweigende Duldung ein wichtiges Stabilisierungselement der jeweils herrschenden Ideologien."

EPILOGUS

„Der moderne Mensch"

Hecktisches Getriebe, dynamische Beweglichkeit,
Spuren im Alltag des modernen Menschen,
die kurzlebig ihr Dasein fristen,
nichts markieren, nur Macht kaschieren,
Emotionen erfrieren, triumphieren über Liebe
und Vernunft,
unterstützen die geheime Übereinkunft, UNVERNUNFT,
verhindern UTOPIE und ZUKUNFT.

BN

Vergeben, verzeihen, verdrängen
Wie werden wir weiter zusammenleben im „Corona-Psychotop"?

08. Mai 2022

Die Lehre aus über zwei Jahren gesellschaftlichen Versagens in der Pandemie ist, dass die nötigen Impulse zur Aufarbeitung nur aus der Zivilgesellschaft selbst kommen können und nicht durch die Institutionen mit ihren Akteuren.

Nach über zwei Jahren „Pandemie" hat es den Anschein, dass das Corona-Narrativ anfängt gesellschaftlich zu diffundieren, sprich sich mit anderen Themen zu durchmischen und sich auflöst, ohne dass auch nur im Ansatz eine Aufarbeitung in Sicht wäre.

Gerade hier in Deutschland gibt es kaum eine Institution, die nicht Schuld auf sich geladen hat. Medien, Politik, Wissenschaft, Ärzteschaft, Kirchen, das Rechtssystem und große Teile der Wirtschaft stehen hier insbesondere im Fokus. Die Lehre aus über zwei Jahren gesellschaftlichen Versagens in der Pandemie ist, dass die nötigen Impulse zur Aufarbeitung nur aus der Zivilgesellschaft selbst kommen können und nicht durch die Institutionen mit ihren Akteuren. Diese Kraft kann die Gesellschaft aber nur entwickeln, wenn sie ihre Spaltung überwindet. Dass die Spaltung unseres Landes mit politischen Mitteln forciert wurde, ist unbestritten evident.

Das „Corona-Psychotop"

Die gesellschaftliche Spaltung zu überwinden dürfte nicht einfach werden, da sich in den letzten zwei Jahren ein „Corona-Psychotop" entwickelt hat. Der Architekt Richard Neutra beschäftigte sich im frühen 20. Jahrhundert mit dem Phänomen der Wirkung einer Umgebung auf die Psyche eines Menschen.

In bestimmten uns umgebenden Strukturen verspüren wir bestimmte positive oder negative Emotionen, Gedanken, Assoziationen. Neutra prägte so den Terminus „Psychotop", den auch der Psychoanalytiker Alexander Mitscherlich (1965) aufgriff.

Durch die Diffamierung, Stigmatisierung und Etikettierung von ungeimpften Personen und Maßnahmenkritikern in allen gesellschaftlichen Bereichen in Deutschland, haben sich eine Umgebung und eine Struktur gebildet, die eine sehr negative gesellschaftliche Stimmung ausgelöst haben. Wie in einem Biotop kann es auch im Psychotop Kipppunkte geben, die ab einem bestimmten Punkt auch durch beste Gegenmaßnahmen nicht mehr aufgehalten werden können.

Es ist daher ein Plädoyer für einen systemischen Zugang zu komplexen gesellschaftlichen Aufgabenstellungen und Problemen. Es geht um ein Denken in Zusammenhängen, bei dem insbesondere die Beziehungen zwischen Problemelementen und ihre Wechselwirkungen untereinander in den Blick genommen werden und die Ursachen für Probleme nicht bei den Teilen, sondern im Zustand des Systems gesehen werden. Das „Corona-Psychotop" kann als soziales System betrachtet werden. Soziale Systeme sind insbesondere Kommunikationssysteme. Was das System aufrechterhält, ist aber nicht die Kontinuität der Personen, sondern die Kontinuität der Kommunikation, d. h. wenn sie nicht fortgesetzt wird, endet das soziale System. Daher ist eine „saubere" Aufarbeitung der „Corona- Pandemie" unerlässlich.

Psychische Spaltung und Verdrängung

Dem im Weg stehen aber sehr oft die psychische Spaltung und Verdrängungsmechanismen des Menschen im Allgemeinen und der Corona-Ideologen im Besonderen. Es gäbe jetzt für die Corona-Ideologen die Möglichkeit um Entschuldigung und um Nachsicht zu bitten für ihre Rolle und Fehleinschätzungen in den letzten zwei Jahren. Wenn aber eine Situation für uns emotional schwierig wird und insbesondere für Corona-Ideologen, reduzieren wir unsere Gefühle; wir spalten sie ab. Durch Spaltungsvorgänge wird vermieden, dass emotional miteinander unvereinbare Inhalte zusammentreffen. Die Inhalte bleiben aber – anders als im Fall der Verdrängung – bewusstseinsnah.

Die Verdrängung ist ein seelischer Abwehrmechanismus. Es ist die Fähigkeit, belastende, schmerzliche, unangenehme Erinnerungen, Gedanken und Wünsche aus dem Bewusstsein zu verbannen, auszublenden und ins Unbewusste zu verschieben. Dort wirken sie im Verborgenen weiter und lösen unter Umständen massive Ängste, Verhaltensstörungen, Blockaden und depressive Zustände aus. Die große psychologische Ungerechtigkeit dabei ist, dass Täter häufig sehr viel besser mit ihren Taten leben können als die Opfer. Ein Täter kann zwar vieles verdrängen, völlig vergessen kann er es aber nicht.

Vergeben und verzeihen

Mit fast schon seherischen Fähigkeiten blickte Ende April 2020 der damalige Bundesgesundheitsminister Jens Spahn in die Zukunft: „Wir werden in ein paar Monaten wahrscheinlich viel einander verzeihen müssen." Wie wir jetzt wissen, gibt es gute Gründe für die Maßnahmenkritiker und Ungeimpften, an ihrer Bitterkeit festzuhalten und es gilt mit der Aufarbeitung eine Bilanz zu ziehen, die gezogen werden muss, bevor der Versuch erfolgt, die „Corona-Vergangenheit" unter dem Aspekt des Vergebens neu zu schreiben. Vergebung ist ein länger dauernder innerer Prozess, der den Betroffenen hilft, mit ihrer belastenden Situation leben zu können. Denn man vergibt nicht belastende Ereignisse, sondern man vergibt dem Täter und nicht der Tat. Es bedeutet allerdings nicht das Vergessen, die Billigung oder die Rechtfertigung des Geschehenen (Verzeihen, Versöhnen, Vergessen – Soziologische Perspektiven, 2018).

Verzeihen heißt neu anzufangen und das Geschehene ruhen zu lassen und auf Strafe und Wiedergutmachung zu verzichten. Verzeihen geht also über das Vergeben hinaus, denn das bedeutet, auf die Bestrafung oder persönliche Verurteilung und Vorwürfe zu verzichten. Diesen Weg zu beschreiten ist der schwierigere, da mit einigen psychischen Hindernissen zu rechnen ist, die man lieber einfach verdrängen und beiseite schieben möchte.

Vergeben ist daher der „gesündere" und zielführendere Weg, denn er führt in der Regel dazu, dass nach Verletzungen weniger Feindseligkeit entsteht und dass damit die negativen gesundheitlichen Folgen von anhaltender Wut und Feindseligkeit gemindert und sogar vermieden werden. Allerdings gibt es keine „Pflicht", dass ein Opfer dem Täter zu vergeben hat und niemand sollte sich dazu gezwungen fühlen.

Die Aufarbeitung

Ohne Aufarbeitung ist ein Vergeben oder Verzeihen nur schwer möglich. Bereits im Oktober letzten Jahres mahnte der frühere Präsident des Bundesverfassungsgerichts, Hans-Jürgen Papier, eine rechtsstaatliche Aufarbeitung der Corona-Pandemie an. Das Vertrauen in die Handlungsfähigkeit des Staates und die Rationalität seiner Entscheidungen sei „im Laufe der Zeit erschüttert worden". "Es wurde nicht generell, aber doch teilweise ziemlich irrational, widersprüchlich, kopflos und im Übermaß reagiert". Wenn das Recht nur auf dem Papier stehe, sei das „Gift für einen freiheitlichen Rechtsstaat" ("Welt" 05.10.2021).

An einer solchen Aufarbeitung und Evaluierung scheint Gesundheitsminister Karl Lauterbach kein großes Interesse zu haben. Offenbar behindert er sogar die Evaluierung der Corona-Maßnahmen. Die Schweiz ist da bereits einen Schritt weiter und hat unabhängige Experten eingesetzt, die aktuell die Ergebnisse einer entsprechenden Evaluierungsstudie vorgestellt haben. Es wird somit mehr als deutlich, dass der Wille zu einer Aufarbeitung quasi nicht vorhanden ist. Daher können die nötigen Impulse zur Aufarbeitung nur aus der Zivilgesellschaft selbst kommen und nicht durch die Institutionen. In welcher Form könnte nun eine „Corona-Pandemie"-Aufarbeitung erfolgen?

Es gibt aus meiner Sicht drei herausstechende Aufarbeitungs-Beispiele für zivilgesellschaftliches Engagement, die sich durch Freiwilligkeit, fehlende persönliche materielle Gewinnabsicht und eine Ausrichtung auf unser Gemeinwohl auszeichnen, die hier kurz vorgestellt werden sollen.

Das Zentrum zur Aufarbeitung, Aufklärung, juristischen Verfolgung und Verhinderung von Verbrechen (ZAAVV) gegen die Menschheit aufgrund der Corona-Maßnahmen ist die erste Organisation, die es sich zur Aufgabe gemacht hat, Dokumente im Zusammenhang mit den Folgen der Corona-Maßnahmen systematisch zu archivieren und aufzuarbeiten.

Die Webseite „Ich-habe-mitgemacht" ist ein privates Dokumentationszentrum für Corona-Unrecht. Dazu gehören menschenfeindliche und ausgrenzende Kommentare von Politikern, Journalisten, Ärztefunktionären, Wissenschaftlern und Prominenten an die Adresse von Kritikern, Zweiflern und vor allem Ungeimpften. „Da die Täter von heute ab morgen jegliche Beteiligung abstreiten werden, gilt es Beweisstücke zu sammeln, um den einen oder anderen Zivilisationsbruch der Vergessenheit zu entreißen. Dies gilt für Vorkommnisse in Deutschland, Österreich und der Schweiz."

Da auf die Einsetzung eines parlamentarischen Untersuchungsausschusses, der erfahrungsgemäß einen längeren Vorlauf hat, nicht gewartet werden konnte, wurde der Corona-Ausschuss gegründet, der seit Mitte Juli 2020 in wöchentlichen Sitzungen Experten und Zeugen zu einer Vielzahl von Fragen zum Virus, zum Krisenmanagement und den Folgen anhört.

Dabei wurden insbesondere auch die bis dato noch wenig evaluierten Kollateralschäden des Lockdowns näher beleuchtet.

Neben diesen drei Beispielen der „Corona-Pandemie"- Aufarbeitung gibt es noch eine Vielzahl von Gruppen und Einzelpersonen, für die Demokratie die Basis der Würde des Menschen ist und das für sie das Recht beinhaltet, selbst zu denken, das Recht eine eigene Meinung zu haben, mehr noch, das Recht die eigene Meinung auch ausdrücklich geltend zu machen und sich gegen das Eindringen in die Psyche und vor psychischen und physischen Zwang zu schützen.

Brücken bauen

Die drei Beispiele zeigen, wie wichtig zivilgesellschaftliches Engagement besonders in schweren Zeiten ist. Wir in Deutschland, mit der Vergangenheit der prägnantesten Diktaturformen des 20. Jahrhunderts, sollten unseren moralischen Kompass nutzen und uns einer gezielten und aufrichtigen Aufarbeitung der „Corona-Pandemie" nicht verschließen. Gerade die Aufarbeitung dieser beiden Diktaturformen kann freundlich formuliert nicht als vorbildlich bezeichnet werden.

Gutmeinend wird nicht selten proklamiert, dass der Graben in der Gesellschaft zugeschüttet werden müsste, um die gesellschaftliche Spaltung zu überwinden. Mit Blick auf die Gesamtgemengelage der „Corona-Pandemie" in Deutschland, wäre es nicht sinnvoll den Graben zu zuschütten. Er sollte für eine gewisse Zeit weiter sichtbar bleiben, aber mit Brücken versehen werden, die die Möglichkeit bieten könnten aufeinander zu zugehen und mit einer gemeinsamen tiefergehenden Analyse und Aufarbeitung, um Lehren daraus zu ziehen wie diese Spaltung sich entwickelt und manifestiert hat und was präventiv zu tun ist um weitere gesellschaftliche Spaltungen quasi „im Keim zu ersticken". Das zu realisieren dürfte allerdings sehr schwierig und schmerzhaft werden.

Wir dürfen auch nicht vergessen, dass viele Menschen sich dazu bringen ließen, Teil eines despotischen Systems mit totalitären Tendenzen zu werden. Noch viele unterliegen dem „Mentizid" (Jost Meerloo, 1956), der die Abtötung des eigenen Verstandes bedeutet. Dies ist ein organisiertes System aus psychologischer Intervention und Missbrauch von Maßnahmen der Regierenden, durch das der Bevölkerung die gewünschte Konformität aufgezwungen werden kann.

Zudem gibt es auch noch weiterhin Funktionsträger im regierenden Apparat, die der gefährlichen Versuchung unterliegen könnten, lange unterdrückte Gefühle von Allmacht zu aktivieren. Jede Form von Führung ohne effektive Kontrolle kann sich immer noch nach und nach in eine „Corona-Diktatur" entwickeln. Denn nach wie vor gilt auch weiterhin für das Corona-Narrativ „3G plus": Erst kommt das Geld und wieder das Geld und nochmals das Geld, und dann kommt die Gesundheit!

EPILOGUS

Menschwerdung

Liebe ist in dir,
Die Liebe deiner selbst,
die Liebe zu deinen Mitmenschen,
die Liebe zu allem lebendigen und produktivem,
die Liebe zum aktiven, schaffenden Tun,
wache auf!, denn deine Liebe wird niemandem wehtun,
sondern die Ohnmacht der unproduktiven
und vermarkteten Charaktere ersticken
und den Weg der wahren Menschwerdung aufzeigen.

Doch erkenne dich selbst,
überprüfe dich!
Zweifel dich an!
Stell dich in Frage!
Löse dich von gesellschaftlichen und kulturellen Zwängen!
Sei Mensch, sei du selbst!
Und doch die gesamte Menschheit,
sei fließend,
ein immerwährender Prozess,
ewig seiend und doch physisch sterblich.
LIEBE DICH, die MENSCHEN; das LEBEN
mit seinen produktiven Kräften.

BN

Die seelische Blindheit der Impfärzte und ihrer Impflinge

10. März 2023

Realitätsverweigerung auf Teufel komm raus.

In diesem Artikel stehen die ambulant tätigen, sprich niedergelassenen und angestellten Ärzte und Ärztinnen im Fokus, die ihre medizinischen Dienstleistungen in eigener Praxis anbieten und im Rahmen der „Corona-Pandemie" eine „tragende" Rolle insbesondere in Bezug auf die „Corona-Impfung" gespielt haben und auch noch spielen.

Als Einzelbeispiel für diese „tragende Rolle" soll der Hausarzt Dr. Hans-Christian Meyer mit eigener Praxis dienen, der eine Impfpraxis in Köln aufgebaut hat, in der in Stoßzeiten sieben Personen arbeiteten, darunter zwei Impfärzte, die zehn Stunden täglich, sieben Tage die Woche, im Schnitt etwa 300 Impfungen am Tag durchführen. In der Woche gibt es für jede Impfung 28,- Euro, am Wochenende 36,- Euro. Das macht bei durchschnittlich 300 Impfungen täglich rund 64.000 Euro Honorar pro Woche – und pro Monat über eine Viertelmillion Euro – abzüglich der Kosten für Personal und Miete. Dazu Dr. Hans-Christian Meyer: „Aber wir machen es ja auch nicht nur für uns, sondern für die Menschen, ne, im Kampf gegen die Pandemie." (MONITOR vom 20.01.2022; Corona-Impfungen: Gutes Geschäft für Ärzte).

Rudimentäres Wissen

Wichtig ist es im ersten Schritt, sich die Expertise und Risikokompetenz der niedergelassenen, nicht wissenschaftlich tätigen Ärzte in Bezug auf das Wissen und die Erfahrung in der Anwendung von Forschungsmethoden, mathematisch-statistischer Modelle, epidemiologischen Berechnungen und der Evaluation von wissenschaftlichen Studien zu betrachten. Es ist

keine neue Erkenntnis, dass der „durchschnittliche" niederge-
lassene Arzt so gut wie über keine Erfahrungen und nur über
rudimentäres Wissen in diesen Bereichen verfügt.

Was Herr Dr. Meyer aber wissen konnte in Bezug auf die
„Pandemie", wenn er denn nur wollte, dass wir im Jahr 2020 zu
keiner Zeit eine „epidemische Lage von nationaler Tragweite"
hatten. Die Gefährdungslage lässt und ließ sich nur wissenschaftlich evident mit den beiden harten Endpunkten der Krankenhausbelegung und den Todesraten einschätzen. Dabei
wurde deutlich, dass wir 2020 keine Überbelegung der Krankenhausbetten inkl. Intensivbetten hatten, sondern häufig eine
Unterbelegung und auch keine Übersterblichkeit in den jeweiligen Alterskohorten.

Wenn es also keine fachlichen Gründe sein können, die für
die „Corona-Impfungen" handlungsleitend sind, was ist es
dann? Geldgier, Verblendung oder beides oder nur mangelnde
Risikokompetenz?

Mangelnde Risikokompetenz

Neuinfektionen, Infektionssterblichkeit, Corona-Tote, die
Reproduktionszahl R etc. – solche Zahlen haben die Bevölkerung in den vergangenen drei Jahren in Angst und Schrecken
versetzt, auch weil sie diese Zahlen nicht verstehen und einordnen können und konnten. Das gilt auch für die Ärzte und Ärztinnen in der „Corona-Pandemie".

Ein Problem ist, dass die wenigsten von ihnen gelernt haben,
mit Zahlen umzugehen und Wahrscheinlichkeiten zu verstehen. Da statistisches Denken nur rudimentär ausgeprägt ist,
werden die Risiken häufig nicht verstanden und falsch einge-
schätzt. Man nennt dies auch in der Psychologie mangelnde
„Risikokompetenz". Laut Gerd Gigerenzer, Psychologie-Pro-
fessor und Nestor der „Risikokompetenz" lernen Ärzte alles
Mögliche, nur nicht, wie Risiken einzuschätzen sind. Insgesamt

hat er ca. 1000 Ärzte im Rahmen ihrer Fortbildung zur Risiko-kompetenz unterrichtet. Nach seiner Schätzung verstehen etwa 80 Prozent von ihnen sogar auf ihrem eigenen Fachgebiet nicht, was ein positiver Test bedeutet. Sie sind weder in der Lage, ihre Patienten angemessen zu unterrichten, noch können sie selbst die Testergebnisse richtig interpretieren (Risiko. Wie man die richtigen Entscheidungen trifft, 2013, S. 217).

Dazu passt punktgenau die Aussage von Günther Jonitz, Präsident der Berliner Ärztekammer: „Die Medizin der Gegenwart ist mit der Kirche im Mittelalter zu vergleichen. Was wir brauchen, ist ein Zeitalter der medizinischen Reformation. Wenige Ärzte sind zum Beispiel geschult, wissenschaftliche Arbeiten zu verstehen oder zu beurteilen. Ich bin u.a. deshalb Chirurg geworden, weil ich zwei Dinge vermeiden wollte: Psychologie und Statistik. Ich bin damit gescheitert. Beides ist lebensnotwendig, um als Arzt verantwortungsbewusst handeln zu können".

Das hatte und hat dramatische Folgen in der „Corona-Pandemie", denn viele Ärzte kennen nicht die Zulassungsstudie von Pfizer und BioNTech von Dezember 2020 und auch nicht den Unterschied zwischen der Relativen Risiko-Reduktion (RRR) und der Absoluten Risiko-Reduktion (ARR). Von den 19.000 Geimpften hatten 8 Personen leichte Symptome und in der Placebogruppe waren es 162 Personen mit leichten Symptomen. Die RRR für die Geimpften betrug also 154:162= 0,95 (95 Prozent) und wurde als 95-prozentige Wirksamkeit verkauft. Es mussten 19.000 Personen geimpft werden, damit 154 Personen davon profitieren. Denn 154 von 19.000 sind nur 0,81 Prozent ARR. Für jeden der so 154 Geschützten müssen 123 Personen geimpft werden. 99,19 Prozent der Geimpften müssen demnach mit Nebenwirkungen rechnen, ohne einen zusätzlichen Schutz zur bereits bestehenden Immunität.

Ebenso kennen nicht oder ignorieren viele Ärzte den Unterschied zwischen der Infektionssterblichkeit IFR (infection fatality rate) und der Fallsterblichkeit CFR (case fatality rate). Die IFR bei einer Grippe beträgt je nach Schweregrad um die 0,2 Prozent. Die IFR in der „Corona-Pandemie" bewegt sich über alle Personen hinweg bei 0,23 % und bei Menschen unter 70 Jahren beträgt die IFR generell 0,05 Prozent und bei Kindern und Jugendlichen 0,0003 Prozent quasi gegen 0,0 Prozent. Die IFR der „Corona-Pandemie" übersteigt somit nicht die bisherigen Grippewellen.

Unethisches Verhalten

Trotz dieser Faktenlage wurde „geimpft" im wahrsten Sinne des Wortes „auf Teufel komm raus". An dieser Stelle sei darauf verwiesen, dass Mediziner ethisch-moralisch dem Nürnberger Kodex, dem Genfer Gelöbnis und der Berufsordnung für Ärzte verpflichtet sind. Diese Ethik-Trias soll jeden Menschen, unabhängig von seinen gesundheitlichen Ansichten, vor staatlichen Übergriffen in seine körperliche Integrität schützen.

Tatsächlich haben viele Ärzte und Wissenschaftler, die gegen den Corona- und Impfwahnsinn hätten angehen können, geschwiegen oder Desinformationen und Halbwahrheiten verbreitet, um ihre Zulassung, ihre Krankenhausprivilegien oder ihren privilegierten Status bei der Pharmaindustrie nicht zu gefährden, oder einfach nur, weil sie mit der allopathischen Orthodoxie im Studium „benebelt" worden sind und an Dogmen festhalten.

Seelische Blindheit Syndrom

Die Impfärzte (97 Prozent Geimpfte) und Impflinge (80 Prozent Geimpfte) erahnen mittlerweile, dass die Impfung eine tickende Zeitbombe sein kann und dass dieses Faktum für einige nur schwer psychisch zu verkraften ist. Und hier kommen die psychologischen Abwehrmechanismen, die seelische Blindheit zum Tragen. Da man als „Geimpfter" vor diesem psychologischen Dilemma Angst hat, verschließt man lieber die Augen, weil man sich nicht eingestehen möchte, dass man in vielen Teilen, schlicht und ergreifend, belogen worden ist und sich wie ein gehorsamer und konformer „Impflemming" verhalten hat.

Psychische Belastungen können die Sehkraft verschlechtern und gar zur Erblindung führen. Anhaltender Stress kann zu einer stetigen Verschlechterung der Sehkraft beitragen. Ebenso kann nach meiner Definition eine „seelische Blindheit" eintreten, die sich durch psychische Abwehrmechanismen manifestieren kann.

Psychische Abwehrmechanismen sind im psychoanalytischen Sinn unbewusst ablaufende Vorgänge, in denen Informationen verarbeitet und vom Bewusstsein ferngehalten werden, um das psychische Gleichgewicht zu erhalten.

Es gibt verschiedene Arten von Abwehrmechanismen, die zum Tragen kommen können. Eine gezielte Auswahl von Abwehrmechanismen soll hier „die seelische Blindheit" in der Corona-Pandemie" als ein Syndrom beschreiben, das häufig bei Ärzten, aber auch bei anderen Personen und Personengruppen auftreten kann.

Ein Syndrom ist eine Gruppe von Merkmalen, deren gemeinsames Auftreten einen bestimmten Zusammenhang oder Zustand beschreibt und kann häufig durch die gleiche Ursache bedingt sein. Es ist ein eklektischer Ansatz, wie bei einer Psychotherapie, bei der je nach dem Problem des Klienten Techniken aus unterschiedlichen Therapieformen eingesetzt werden.

Psychologische Abwehrmechanismen

Bei den meisten Abwehrmechanismen handelt es sich um Vorgänge, die der Abwehr von Angst dienen. Das Abwehrverhalten kann je nach Intensität und individueller Abwehrpräferenz zu Selbsttäuschungen in unterschiedlichem Ausmaß führen und damit auch zu erheblichen Verzerrungen der Realität.

Die sechs nachfolgenden Abwehrmechanismen sollen das „Seelische Blindheit Syndrom" der „Corona-Impfung" verdeutlichen. Beispielhaft sind hier Aussagen mit anekdotischer Evidenz von einem Dutzend mir gut bekannter Ärzte und Ärztinnen zu den einzelnen Abwehrmechanismen ausgewählt worden, die nur als „Spitze des seelischen Eisbergs" zu betrachten sind.

Rationalisierung

Unter Rationalisierung versteht man in der Psychologie einen kognitiven Vorgang, bei dem Handlungen, Erfahrungen, Erlebnissen und Beobachtungen nachträglich eine rationale Grundlage zugeschrieben wird.

„Mit einer Grundimmunisierung und insbesondere einer Auffrischungsimpfung konnten schwere oder tödliche COVID-19-Verläufe bestmöglich verhindert werden."

Kognitive Dissonanz

Grundgedanke der Dissonanztheorie ist die Annahme, dass nicht zueinander passende Kognitionen und Verhaltensweisen einen unangenehmen motivationalen Zustand (Dissonanz) und eine innere Spannung hervorrufen. Nach einer Entscheidung werden bevorzugt Informationen ausgewählt, die eine getroffene Entscheidung als richtig erscheinen lassen.

„Wer sich gegen das Coronavirus impfen lässt, schützt vor allem sich selbst vor einem schweren oder tödlichen Krankheitsverlauf. Zudem hilft jede Corona-Impfung dabei, die Ausbreitung des Virus einzudämmen."

Ungeschehenmachen

Ungeschehenmachen ist ein Abwehrmechanismus, mit dem die Person ausblendet, dass insbesondere bestimmte Handlungen und Situationen nicht geschehen wären.

„Alle zugelassenen Impfstoffe sind wirksam und sicher."

Verdrängung

Unter Verdrängung versteht man in der Psychoanalyse eine psychische Abwehr, in der tabuisierte und bedrohliche Bewusstseinsinhalte und Gefühle, die die Person nicht wahrhaben will oder die Angst auslösen, in das Unterbewusstsein verdrängt werden.

„Die Corona-Impfung ist sicher. In Deutschland wird ein Impfstoff nur dann zugelassen, wenn er alle drei Phasen des klinischen Studienprogramms erfolgreich bestanden hat."

Verleugnung

Bei der Verleugnung liegt ein Abwehrmechanismus vor, der Schutz bietet vor einer unangenehmen Wirklichkeit durch die Weigerung, sie wahrzunehmen.

„Ausgeschlossen werden können Nebenwirkungen nie. Auch etablierte Impfstoffe haben Nebenwirkungen."

Affektisolierung

Die Affektisolierung ist ein Abwehrmechanismus, der die emotionale Reaktion auf ein Ereignis ausblendet oder verdrängt.

„Mit steigender Impfquote sind unter den Erkrankten auch immer mehr Geimpfte zu erwarten. Dies ist kein Hinweis darauf, dass die Impfstoffe nicht wirksam sind."

Wie kann es weitergehen?

Die Fragen, die sich hier unter anderem stellen sind: Wie lange hält diese seelische Blindheit an und was bedeutet das für unser weiteres Zusammenleben und das Vertrauensverhältnis von Arzt und Patient?

Einen sehr interessanten Betrachtungswinkel zu diesen Fragen bietet der Essay von einem der bekanntesten Philosophen der Gegenwart, Giorgio Agamben, mit dem Titel „Der Komplize und der Souverän". Er geht davon aus, dass unsere Gesellschaft in den letzten drei Jahren vielleicht nie zuvor einen solch extremen Grad an Brutalität, Verantwortungslosigkeit und zugleich Zerfall erreicht hat. Für diese drei Beobachtungen sieht er in einem „borromäischen Knoten" verbunden, in einem Knoten, in dem ein Element nicht von den beiden anderen losgelöst werden kann und führt den Terminus der Komplizenschaft ein, um zu erklären, was unter dem Deckmantel der Pandemie geschah:

„In der strafrechtlichen Terminologie ist ein Komplize jemand, dessen Verhalten als solches keine Straftat darstellt; sein Verhalten jedoch leistet einen Beitrag zur kriminellen Handlung eines anderen Subjekts, des Täters. Wir hatten und haben es mit Leuten – ja eigentlich mit einer ganzen Gesellschaft – zu tun, die zur Komplizin einer Straftat wurde, deren Täter nicht vorhanden bzw. dafür nicht zu benennen ist. Es ist also eine paradoxe Situation, in der es nur Komplizen gibt und der Täter fehlt, eine Situation, in der alle – vom Staatspräsidenten zum einfachen Bürger, vom Gesundheitsminister zum einfachen Arzt – stets als Komplizen und nie als Täter agieren."

Zusammengefasst geht er von einer universellen Komplizenschaft aus, durch die Herrschaft unangreifbar und Aufarbeitung nahezu unmöglich wird.

EPILOGUS

Sprechen ohne zu reden

Sprechen ohne zu reden,
Schauen ohne zu sehen,
Atmen ohne zu leben,
Lieben ohne zu geben,
Nur streben, Besitz beleben,
Geschäftiges Nichts-Tun, ausruh´n,
Ausbuh´n die all die Dinge in Gegenteil verkehren.
Linientreu, kopfscheu den Alltag verklären,
Weitermachen, Zukunft haben.

BN

Charakter- Screening

Charaktermerkmale einer psychopathischen Persönlichkeit

Die sogenannte Corona-Krise hat überdeutlich gezeigt, wie nicht wenige Menschen ihren moralischen Kompass verloren haben. Nach Ex- Bundeskanzler Helmut Schmidt beweist sich in der Krise der Charakter. Insbesondere haben die „Corona-Eliten" häufig ihren „wahren Charakter" durchscheinen lassen. Eine Mehrheit der Menschen unterwarf sich mit serviler Opferhaltung den Machtmenschen an den Schalthebeln der Macht. Nicht selten befanden sich während der Corona- Krise Personen mit einer psychopathischen oder narzisstischen Persönlichkeitsstruktur.in exponierten gesellschaftlichen Positionen, wie ich es im Kapitelabschnitt „Narzissmus in den Machtzentralen?" (S. 42) dargelegt habe. Einige von ihnen sind auch jetzt noch gesellschaftlich aktiv.

Im Rahmen meiner langjährigen Tätigkeit als Psychologe habe ich einige tausend Fach- und Führungskräfte persönlichkeitspsychologisch beurteilt und begutachtet. Es hat einige Zeit gedauert bis ich erkannt hatte, wer da als Mensch vor mir sitzt. Da ich erlebt habe, wie Menschen von Psychopathen getäuscht, betrogen und auch zu Schaden gebracht worden sind und dass Menschen so leicht unter ihren zerstörerischen Einfluss geraten können, möchte ich meinen Lesern die Warnzeichen zeigen, an denen man Psychopathen erkennen kann, damit sie sich jetzt und in Zukunft von ihnen nicht so leicht vereinnahmen und beeinflussen lassen, sowohl auf persönlicher als auch auf gesellschaftlicher Ebene. Angelehnt an Mike Adams „Wie man einen Soziopathen erkennt" (2014), sollten mit dem „Charakter-Screening", das zehn Weckrufe beinhaltet, all Ihre Sinne für Psychopathie geschärft sein:

Weckruf Nr. 1: Ein übergroßes Ego

Psychopathen verfügen über ein vergrößertes Selbstempfinden. Sie sind übermäßig narzisstisch mit einem ausgeprägten Anspruchsdenken. Sie neigen dazu, andere für ihre eigenen Fehler verantwortlich zu machen.

Weckruf Nr. 2: Lügen und manipulatives Verhalten

Psychopathen bedienen sich regelmäßig der Manipulation und des Betrugs. Sie Lügen, nur um zu lügen. Lügen, einfach um zu sehen, ob die Menschen darauf hereinfallen. Und manchmal dienen große Lügen auch einfach einer großen Ideologie und Transformation der Gesellschaft.

Weckruf Nr. 3: Fehlendes Einfühlungsvermögen

Sie besitzen nicht die bedeutungsvollen, emotionalen inneren Welten, über die die meisten Menschen verfügen, und deshalb auch die Gefühle anderer Menschen nicht nachempfinden.

Weckruf Nr. 4: Fehlende Reue oder Scham

Psychopathen kennen kein Gefühl von Reue, Schuld oder Scham.

Weckruf Nr. 5: In gefährlichen Situationen bleiben sie ungewöhnlich ruhig

Ein Psychopath zeigt beispielsweise keinerlei Anzeichen von Panik nach einem Autounfall oder in anderen kritischen Lebenssituationen.

Weckruf Nr. 6: Unverantwortliches oder impulsives Verhalten

Psychopathen handeln oft unvernünftig und wenig verantwortungsbewusst, wenn es um Verpflichtungen anderer Menschen gegenüber oder Finanzen geht.

Weckruf Nr. 7: Psychopathen haben nur wenige Freunde

Sie wollen keine Freunde, solange sie sie nicht ausdrücklich brauchen. Oder sie pflegen nur oberflächliche Freundschaften.

Weckruf Nr. 8: Sie sind charmant, aber nur oberflächlich

Psychopathen können sehr charmant und freundlich sein. Weil sie wissen, dass sie so an ihr Ziel kommen. Sie sind Meister der Verstellung. Sie entwickeln eine Persönlichkeitsfassade, um nicht entdeckt zu werden.

Weckruf Nr. 9: Leben nach dem Motto "Alles meins"

Sie führen ein Leben auf der Überholspur – bis in die Extreme. Sie suchen den Kick, die Aufregung und das Vergnügen, wo auch immer sie dieses bekommen können.

Weckruf Nr. 10: Sie beachten keine gesellschaftlichen Regeln

Sie brechen Regeln und das geltende Gesetz, weil sie der Meinung sind, dass diese Regeln für sie nicht gelten.

Dieses „Charakter- Screening" ist eine Möglichkeit, auch für potentielle und aktuelle gesellschaftliche Krisen zu lernen, „wieder die Kontrolle über unsere Emotionen wie Angst und das Bedürfnis nach Sicherheit zu übernehmen und zu behalten. Psychopathen können nur erfolgreich sein, wenn wir nicht merken, dass es sich um Psychopathen handelt. Sobald wir uns nicht mehr benutzen lassen, weil wir den Psychopathen erkannt haben, ist es vorbei. Mit einem gesellschaftlichen Bewusstsein der zweifelhaften Symbiose – Bevölkerung und Psychopathen – und dem Erkennen der Psychopathie wird der notwendige Nährboden entzogen".

Nachwort

Mit der hier durchgeführten pandemie- psychologischen Analyse ist aus meiner Sicht deutlich geworden, das die Probleme vor allen darin liegen, dass wir mit der „Corona- Pandemie" in eine zugespitzte, gesellschaftliche Polarisierung hineingeraten sind. Das Gefühl, in einer endlosen Lockdown-Schleife gefangen zu sein, hat die Gesellschaft in einen regelrechten Glaubenskrieg geführt. Früher gab es eine breite, gemäßigte Mitte in der Gesellschaft, extreme politische Meinungen waren eher Randerscheinungen. Durch die „Pandemie" hatten sich zwei große, unversöhnliche Lager entwickelt, die sich gegenseitig vorwarfen, Menschenleben zu gefährden oder eine Gesundheits-Diktatur zu propagieren. Es wird meines Erachtens die größte Herausforderung werden, die tiefe gesellschaftliche Spaltung zu überwinden. Eine „Corona- Aufarbeitung" ist daher bitter nötig. In einem Gastbeitrag im April 2024 in der Berliner Zeitung hat es Bastian Barucker auf den Punkt gebracht:

„Daher ist es nun an der Zeit, sich öffentlich bei den Maßnahmenkritikern, den vielen Leidtragenden, insbesondere Kindern und Jugendlichen und den vielen mutigen Fachleuten zu entschuldigen, die ihrer Kompetenz trauten, ihrem Verständnis von evidenzbasierter Wissenschaft treu blieben, als Kritiker der Pandemiepolitik jedoch verbal zu Freiwild erklärt wurden. Es ist an der Zeit, diese Menschen in öffentliche Foren, Symposien und zu runden Tischen einzuladen, um endlich ihre Perspektive in die gesellschaftliche Debatte zu integrieren".

Zudem ist es aber auch verstörend zu sehen, dass sogar intelligente Menschen in der „Corona- Pandemie" keinen gerade denkenden Verstand mehr haben und ihre kognitive Flexibilität massiv beeinträchtigt ist. Es zeigt sich auch, dass sie zwei Gesichter haben. Sie möchten sich zwar in Richtung Mündigkeit und Freiheit entwickeln, aber andererseits verlangt das kleine Kind in ihnen nach komplettem Schutz und der Aufgabe von persönlicher Verantwortung.

Oftmals ist es so, dass gerade in Krisen wie die „Corona-Pandemie" Menschen bereit sind, ihre Freiheiten für stellvertretende elterliche Unterstützung durch Führungspersonen zurück zu geben oder wegen politischer oder ökonomischer Ideologien aufzugeben, die tatsächlich verdrängte elterliche Bilder darstellen. Manche Menschen regredieren dann, wie in der „Pandemie" als eine Reaktion auf Angst und Panik auf eine frühere Stufe ihrer Persönlichkeitsentwicklung und verhalten sich auch hier wie Kinder. Angst und Panik finden ebenso ihren paradoxen Ausdruck in Gleichgültigkeit und Apathie.

Viele werden auch passiv, andere reagieren mit massiven Angstsymptomen, wiederum andere mit psychosomatischen Symptomen. Durch häufige Themenwechsel und das Verwenden von Angst als Basisemotion in der „Corona- Pandemie" wird die Konditionierung der Menschen aufrechterhalten. Insbesondere die Mainstream Medien sind geeignet, diese quasi festgefügten Muster in den neuronalen Strukturen der Menschen zu manifestieren. Es gibt aber auch Hoffnung!

Die naive Annahme der Corona- Machteliten, dass jede Kritik und jede kritische Prüfung im menschlichen Denken dauerhaft unterdrückt werden könne, wird sich so nicht bestätigen lassen. Am Ende wird der Freiheitswillen des Menschen nicht komplett unterdrückt werden können. Dieser wird sich bei einigen Menschen durchsetzen und wieder erwachen. Bis dahin werden jedoch weitere zahlreiche Manipulationstechniken angewandt, um dies zu verhindern. Daher sollte das eigentliche Ziel der Psychologie sein, die Menschen von ihren inneren Druck und Stress zu befreien und ihnen damit hilft zu verstehen, was dies hervorruft. Sie sollte auch den menschlichen Verstand von seiner Tendenz zu unreifem und infantilen Denken befreien, so dass der Mensch wieder selbstständig denkt, authentisch wird und für das einsteht, an das er glaubt. Das sollte das Rüstzeug für die nächste gesellschaftliche Krise sein, die mit der von der WHO benannten „Krankheit X" und dem flankierenden WHO- Pandemievertrag schon kurzfristig ausgelöst und legimitiert werden könnte.

Bleiben wir wachsam!

Quellenverzeichnis

Die in diesem Buch verwendeten Zitate und Verweise stammen aus den folgenden Werken:

Giorgio Agamben: „Der Komplize und der Souverän" (2023)

Edward L. Bernays: „Public Relations" (2011)

Albert Biderman: „Bidermans Diagramm des Zwangs" (1956)

Kevin Dutton: „The Wisdom of Psychopaths" (2012)

Viktor E. Frankl: „Trotzdem Ja zum Leben sagen: Ein Psychologe erlebt das Konzentrationslager" (1998)

Erich Fromm: „Psychoanalyse und Ethik" (2004)

Gerd Gigerenzer: „Risiko. Wie man die richtigen Entscheidungen trifft" (2013)

Heinrich Heine: „Gedanken und Einfälle" (2016)

Josef Kraus: „Der deutsche Untertan. Von der Entwöhnung des eigenen Denkens" (2021)

Michael Ley & C. Vierboom: „Therapeutische Reinräume: Über das Schweigen der Psychologen" (2021)

Gustave Le Bon: „Psychologie der Massen" (2014)

Andrzej M. Lobaczewski: „Politische Ponerologie: Eine Wissenschaft über das Wesen des Bösen und ihre Anwendung für politische Zwecke" (2012)

Elisabeth Lukas: „Spirituelle Psychologie" (1998)

Heinrich Mann: „Der Untertan" (1996)

Rainer Mausfeld: „Warum schweigen die Lämmer?" (2018)

Joost Meerloo: „The Rape of the Mind. The Psychology of Thought Control, Menticide, and Brainwashing" (2015)